메시지 | 고린도전·후서

KB214769

THE MESSAGE: 1·2 Corinthians

Eugene H. Peterson

The
MESSAGE
고린도전·후서

유진 피터슨

복 있는 사람

메시지 | 고린도전·후서

2019년 6월 20일 초판 1쇄 발행
2024년 10월 25일 초판 6쇄 발행

지은이 유진 피터슨
옮긴이 김순현 윤종석 이종태
감수자 김영봉
펴낸이 박종현

(주) 복 있는 사람
주소 서울특별시 마포구 연남동 246-21 (성미산로23길 26-6)
전화 02-723-7183(편집), 7734(영업·마케팅) 팩스 02-723-7184
이메일 hismessage@naver.com
등록 1998년 1월 19일 제1-2280호

ISBN 978-89-6360-301-8 00230

이 도서의 국립중앙도서관 출판예정도서목록(CIP)은 서지정보유통지원시스템 홈페이지(http://seoji.nl.go.kr)와 국가자료공동목록시스템(http://www.nl.go.kr/kolisnet)에서 이용하실 수 있습니다. (CIP 제어번호: 2019021761)

THE MESSAGE: 1·2 Corinthians
by Eugene H. Peterson

차례

일러두기

• 유진 피터슨의 『메시지』 영어 원문을 번역하면서, 한국 교회의 실정과 환경을 고려하여 『메시지』 한글 번역본의 극히 일부분을 의역하거나 문장과 용어를 바꾸었다.

『메시지』를 읽는 독자에게

『메시지』에 독특한 점이 있다면, 현직 목사가 그 본문을 다듬었기 때문일 것이다. 나는 성경의 메시지를 내가 섬기는 사람들의 삶 속에 들여놓는 것을 내게 주어진 일차적 책임으로 받아들이고 성인 인생의 대부분을 살아왔다. 강단과 교단, 가정 성경공부와 산상수련회에서 그 일을 했고, 병원과 양로원에서 대화하면서, 주방에서 커피를 마시고 바닷가를 거닐면서 그 일을 했다. 『메시지』는 40년간의 목회 사역이라는 토양에서 자라난 열매다.

인간의 삶을 만들고 변화시키는 하나님의 말씀은, 내가 『메시지』 작업을 하는 동안 정말로 사람들의 삶을 만들고 변화시켰다. 우리 교회와 공동체라는 토양에 심겨진 말씀의 씨앗은, 싹을 틔우고 자라서 열매를 맺었다. 현재의 『메시지』를 작업할 무렵에는, 내가 수확기의 과수원을 누비며 무성한 가지에서 잘 영근 사과며 복숭아며 자두를 따고 있다는 기분이 들곤 했다. 놀랍게도 성경에는, 내가 목회하는 성도며 죄인인 사람들이 살아 낼 수 없는 말씀, 이 나라와 문화 속에서 진리로 확증되지 않는 말씀이 단 한 페이지도 없었다.

내가 처음부터 목사였던 것은 아니다. 원래 나는 교사의 길에 들어서서, 몇 년간 신학교에서 성경 원어인 히브리어와 그리스어를 가르쳤다. 남은 평생을 교수와 학자로 가르치고 집필하고 연구하며 살겠거니 생각했었다. 그러다 갑자기 직업을 바꾸어 교회 목회를 맡게 되었다.

뛰어들고 보니, 교회는 전혀 다른 세계였다. 제일 먼저 눈에 띈 차이는, 아무도 성경에 별로 관심이 없어 보인다는 점이었다. 얼마 전까지만 해도, 사람들은 내게 돈을 내면서까지 성경을 가르쳐 달라고 했는데 말이다. 내가 새로 섬기게 된 사람들 중 다수는, 사실 성경에 대해 아무것도 몰랐다. 성경을 읽은 적도 없었고, 배우려는 마음조차 없었다. 성경을 몇 년씩 읽어 온 사람들도 많았지만, 그들에게 성경은 너무 익숙해서 무미건조하고 진부한 말로 전락해 있었다. 그들은 지루함을 느낀 나머지 성경을 제쳐 둔 상태였다. 그 양쪽 사이에 있는 사람은 많지 않았다. 내가 가장 중요하게 여긴 일은, 성경 말씀을 그 사람들의 머리와 가슴 속에 들여놓아서, 성경의 메시지가 그들의 삶이 되게 하는 것이었다. 그러나 거기에 관심을 갖는 사람은 거의 없었다. 신문과 잡지, 영화와 소설이 그들 입맛에 더 맞았다.

결국 나는, 바로 그 사람들에게 성경의 메시지를 듣게— 정말로 듣게—해주는 일을 내 평생의 본분으로 삼게 되었다. 그것이야말로 확실히 나를 위해 예비된 일이었다.

나는 성경의 세계와 오늘의 세계라는 두 언어 세계에 살

고 있었다. 나는 언제나 그 두 세계가 같은 세계인 줄 알았
다. 그러나 사람들은 그렇게 보지 않았다. 나는 어쩔 수 없
이 "번역가"(당시에는 그런 표현을 쓰지 않았지만)가 되었다.
날마다 그 두 세계의 접경에 서서, 하나님이 우리를 창조하
시고 구원하시고 치유하시고 복 주시고 심판하시고 다스리
실 때 쓰시는 성경의 언어를, 우리가 잡담하고 이야기하고
길을 알려 주고 사업하고 노래 부르고 자녀에게 말할 때 쓰
는 오늘의 언어로 옮긴 것이다.

그렇게 하는 동안, 성경의 원어—강력하고 생생한 히브
리어와 그리스어—는 끊임없이 내 설교의 물밑에서 작용했
다. 성경의 원어는 단어와 문장을 힘 있고 예리하게 해주고,
내가 섬기는 사람들의 상상력을 넓혀 주었다. 그래서 오늘
의 언어 속에서 성경의 언어를 듣고, 성경의 언어 속에서 오
늘의 언어를 들을 수 있게 해주었다.

나는 30년간 한 교회에서 그 일을 했다. 그러던 어느 날
(1990년 4월 30일이었다), 한 편집자가 내게 편지를 보내 왔
다. 그동안 내가 목사로서 해온 일의 연장선에서 새로운 성
경 번역본을 집필해 달라는 청탁의 편지였다. 나는 수락했
다. 그 후 10년은 수확기였다. 그 열매가 바로 『메시지』다.

『메시지』는 읽는 성경이다. 기존의 탁월한 주석성경을 대
체하기 위한 것이 아니다. 내 취지는 간단하다. (일찍이 우
리 교회와 공동체에서도 그랬듯이) 성경이 충분히 읽을 수 있
는 책이라는 사실을 모르는 사람들에게 성경을 읽게 해주

고, 성경에 관심을 잃은 지 오래된 사람들에게 성경을 다시
읽게 해주는 것이다. 그렇다고 굳이 내용을 쉽게 하지는 않
았다. 성경에는 이해하기 어려운 부분도 많이 있다. 그래서
『메시지』를 읽다 보면, 더 깊은 연구에 도움이 될 주석성경
을 구하는 일이 조만간 중요하게 여겨질 것이다. 그때까지
는, 일상을 살기 위해 읽으라. 읽으면서 이렇게 기도하라.
"하나님, 말씀하신 대로 내게 이루어지기를 원합니다."

유진 피터슨

사람들이 그리스도인이 되는 것과 동시에 훌륭하게 되는 것은 아니다. 그것은 언제나 놀라운 일이다. 그리스도와 그분의 길로 들어섰다고 해서 그 사람이 나무랄 데 없는 예절과 적절한 도덕을 자동적으로 갖추게 되는 것은 아니다.

고대 세계에서 고린도 사람들은 제멋대로 굴고, 독주를 마시고, 성적으로 문란한 무리라는 평판을 받았다. 바울이 **메시지**를 가지고 고린도에 도착하자, 고린도 사람들 가운데 상당수가 예수를 믿는 신자가 되었지만, 그들은 자신들에게 들러붙은 평판까지 교회 안으로 가지고 들어왔다.

바울은 그들의 목회자 자격으로 1년 6개월을 그들과 함께 보내면서 "복음"의 메시지를 자세히 전하고, 그들이 신자들의 공동체로서 구원과 거룩함의 새 삶을 살려면 어찌해야 하는지를 가르쳤다. 그런 다음 그는 길을 떠나 다른 도시와 다른 교회로 갔다.

그리고 얼마 지나지 않아서 바울은 고린도 교회 식구들 가운데 한 사람으로부터 보고를 받는다. 말하자면, 그의 부재중에 고린도 교회의 사정이 다소 나빠졌다는 것이었다.

또한 그는 고린도 교회로부터 도움을 요청하는 한 통의 편지도 받는다. 파벌 싸움이 격해지고, 도덕이 무너졌으며, 예배가 초자연적인 것에 집착하는 이기적인 수단으로 변질되었다는 것이다. 고린도 사람들이라면 능히 그러고도 남을 일이었다!

바울이 고린도 교우들에게 보낸 첫 번째 편지는 목회적 대응의 고전이나 다름없다. 그의 대응은 다감하고, 확고하고, 명쾌하고, 어긋남이 없다. 바울은 그들이 사태를 혼란스럽게 하기는 했지만, 그들 가운데 계신 하나님, 곧 예수 안에서 자신을 계시하시고 성령 안에 임재하시는 하나님께서 끊임없이 그들 삶의 중심 주제가 되셨다고 확신한다.

여러분은 이것이 살길이 아니라는 것을 알지 못합니까? 하나님께 마음을 두지 않은 불의한 자들은 그분의 나라에 들어가지 못할 것입니다. 서로를 이용하고 악용하는 자들, 성(性)을 이용하고 오용하는 자들, 땅을 이용해 먹으면서 땅과 거기에 있는 모든 것을 착취하고 남용하는 자들은 하나님 나라의 시민이 될 자격이 없습니다. 여러분 가운데 상당수는 내가 무엇을 두고 말하는지 경험으로 알 것입니다. 얼마 전까지만 해도 여러분이 그렇게 살았으니 말입니다. 그러나 그 이후로 여러분은 우리 주님이시며 메시아이신 예수와, 우리 안에 계신 하나님 곧 성령으로 말미암아 깨끗해졌고 새로운 출발을 하게 되었습니다. 법적으로 문제가 없다고 해서 영적으로 적합한 것은 아닙니다. 만일 내가 해도 된다고 생각한 것을 무엇이나 하면서 돌아다녔다면, 나는 변덕의 노예가 되고 말았을 것입니다 (고전 6:9-12).

바울은 그들이 그리스도 안에서 형제자매임을 부인하지 않았고, 그들이 나쁜 행실을 보였다고 해서 그들을 내치지도 않았으며, 그들의 무책임한 생활방식에 대해 비난성 잔소리를 늘어놓지도 않는다. 그는 그 모든 문제를 냉철하게 처리하면서, 그들의 손을 잡아끌어 이전의 토대로 되돌린다. 그는 그들을 지도하여, 구원하시는 하나님의 거룩한 사랑을 속속들이 행하게 하고 서로 사랑하게 한다.

사랑은 절대로 사라지지 않습니다. 제아무리 영감 넘치는 말도 언젠가는 사라지고, 방언으로 기도하는 것도 그칠 것입니다. 이해력도 한계에 이르게 될 것입니다. 진리의 한 부분만 아는 우리가 하나님에 대해 말하는 것은 언제나 불완전합니다. 그러나 완전하신 그분이 오시면, 우리의 불완전한 것들을 없애 주실 것입니다.……그러나 그 완전함에 이르기까지, 우리는 다음 세 가지를 행함으로 완성을 향해 나아가야 합니다. 하나님을 꾸준히 신뢰하십시오. 흔들림 없이 소망하십시오. 아낌없이 사랑하십시오. 이 세 가지 가운데 으뜸은 사랑입니다. 여러분의 생

명이 사랑에 달려 있다는 듯이, 온 힘을 다해 사랑의 삶을
추구하십시오(고전 13:8-10, 13; 14:1).

고린도전서

1 ¹⁻² 나 바울은, 하나님의 계획하심에 따라 나의 벗 소
스데네와 함께 메시아이신 예수의 부르심과 보내심
을 받았습니다. 나는 고린도에 있는 하나님의 교회에 속한
여러분, 곧 예수께서 깨끗게 하시고 하나님으로 충만한 삶
을 위해 구별된 신자들에게 이 편지를 보냅니다. 또한 나는,
어느 곳에 살든지 예수께 진심으로 부르짖는 모든 이들에게
도 문안합니다. 예수께서는 우리의 주님도 되시지만 그들의
주님도 되시기 때문입니다!

³ 하나님 우리 아버지와 주 예수 그리스도께서 주시는 온갖
선물과 은혜가 여러분의 것이 되기를 바랍니다.

⁴⁻⁶ 나는 여러분을 생각할 때마다—나는 여러분을 자주 생
각합니다!—예수께서 주신 삶, 곧 자원하여 즐거운 마음으

로 하나님께 나아가는 여러분의 변화된 삶에 대해 하나님
께 감사를 드립니다. 여러분 안에 일어난 변화는 끝이 없
습니다. 그것은 말과 지식을 넘어섭니다. 내가 여러분에게
전해 준 그리스도에 관한 증거가 참되다는 것이 여러분의
삶을 통해 확실하게 증명되었습니다.

7-9 생각해 보십시오. 여러분은 아무것도 필요로 하지 않습니
다. 여러분은 전부를 얻었기 때문입니다. 여러분이 우리 주
예수께서 이 세상의 마지막 무대에 등장하기를 간절히 기다
리며 살아가는 동안, 하나님의 온갖 선물이 바로 여러분 앞
에 있습니다. 그뿐만 아니라 예수께서 모든 일을 마무리 지
으실 때까지, 하나님께서 친히 여러분 곁에 계시면서 여러분
을 흔들리지 않게 해주시고 가던 길에서 벗어나지 않게 해주
실 것입니다. 여러분을 이끌어 이 영적 모험을 하게 하신 하
나님께서, 자기 아들이시며 우리 주님이신 예수의 생명을 우
리와 함께 나누고 계십니다. 하나님께서는 여러분을 결코 포
기하지 않으실 것입니다. 그 점을 절대 잊지 마십시오.

십자가, 역설적인 하나님의 지혜

10 나는 깊이 우려하고 있습니다. 이제 우리 주 예수의 권위를
빌려, 나의 벗인 여러분에게 그것을 말씀드리겠습니다. 절박
한 심정으로 말씀드립니다. 서로 사이좋게 지내십시오. 서로
배려하는 법을 익히고, 공동체로 살아가기를 힘쓰십시오.

11-12 내가 이런 말씀을 드리는 것은, 글로에의 가족 가운

데 몇 사람이 나의 마음을 몹시도 불안케 하는 소식을 가
져왔기 때문입니다. 여러분이 서로 다투고 있다는 것입니
다! 내가 들은 것을 그대로 옮기면, 여러분이 너나없이 편
을 갈라서 "나는 바울 편이다", "나는 아볼로 편이다", "나
는 베드로의 사람이다", "나는 메시아 그룹에 속해 있다"고
말하면서 돌아다닌다고 하더군요.

13-16 여러분에게 묻습니다. 그리스도께서 우리가 저마다 나
누어 가지도록 조각조각 갈라지기라도 하셨습니까? 바울이
여러분을 위해 십자가에 달리기라도 했습니까? 여러분 가운
데 한 사람이라도 바울의 이름으로 세례를 받은 이가 있습
니까? 나는 그리스보와 가이오 외에는 어느 누구에게도 세
례를 주지 않았습니다. 여러분의 소식을 듣고, 나는 그들 외
에 아무에게도 세례를 주지 않은 것을 다행으로 여겼습니다.
내 이름으로 세례를 받았다고 떠들며 돌아다니는 사람이 하
나도 없을 테니까요. (그리고 보니, 스데바나 가족에게도 세례를
준 일이 있군요. 그러나 내 기억으로는 그것이 전부입니다.)

17 하나님께서는 나의 추종자들을 모으라고 나를 보내신 것
이 아니라, 그분께서 친히 이루신 일에 관한 **메시지**를 전하
고, 그분의 추종자를 모으라고 나를 보내셨습니다. 그분은
화려한 말솜씨로 **메시지**를 전하라고 나를 보내신 것이 아닙
니다. 그랬더라면, **메시지**의 중심에 자리한 강력한 사건—
십자가에 달리신 그리스도—이 미련하고 어리석은 몇 마디
말 때문에 하찮은 것이 되고 말았을 것입니다.

¹⁸⁻²¹ 십자가에 달리신 그리스도를 가리키는 **메시지**가, 멸망
하기로 굳게 결심한 사람들에게는 어리석은 것처럼 보이겠
지만, 구원의 길에 들어선 사람들에게는 완벽하게 이해될
것입니다. 이것이 하나님께서 일하시는 방식입니다. 그리고
그것은 가장 강력한 방식임이 입증되었습니다. 성경에 이렇
게 기록되었습니다.

> 내가 세상의 지혜를 뒤집어엎고
> 전문가라는 자들이 얼마나 정신 나간 사람들인지 폭로
> 하겠다.

이 시대에 지혜로운 자나 교양 있는 자, 참으로 지성을 갖춘
자가 어디 있습니까? 하나님께서 그 모든 것이 얼마나 터무
니없는 허세인지 드러내시지 않았습니까? 이 세상은 그 화
려한 지혜를 가지고도 하나님을 조금도 알지 못했습니다.
그래서 지혜로우신 하나님께서는 믿는 사람들을 구원의 길
로 이끄시기 위해, 이 세상이 어리석다고 여긴 것—무엇보
다도, 복음 선포!—을 즐겨 사용하셨습니다.
²²⁻²⁵ 유대인들은 기적의 증거를 극성스레 요구하고, 그리스
사람들은 철학적 지혜를 구하지만, 우리는 십자가에 달리신
그리스도만을 전합니다. 유대인들은 그리스도께서 십자가
에 달리신 것을 기적에 역행하는 것으로 여기고, 그리스 사
람들은 그것을 어리석은 일로 무시해 버립니다. 그러나 하

나님께서 친히 한 사람씩 부르신 우리―유대인이든 그리스
사람이든―에게는, 그리스도가 하나님의 궁극적 기적이요
지혜의 결정체입니다. 겉으로 어리석게 보이는 하나님의 지
혜와 비교하면, 인간의 지혜는 너무나 보잘것없고 너무나
무력합니다. 인간의 수준에서 강한 것은 하나님의 "약함"과
도 견줄 수 없습니다.

26-31 친구 여러분, 여러분이 이 그리스도인의 삶으로 부름받
았을 때, 여러분의 모습이 어떠했는지 잘 떠올려 보십시오.
나는 여러분 가운데서 가장 영리하고 뛰어난 사람, 상당한
영향력을 가진 사람, 상류층 집안 출신을 그다지 많이 보지
못했습니다. 하나님께서 "잘났다고 하는 사람들"의 그럴듯
한 허세를 폭로하시려고, 홀대받고 착취당하며 학대받는 사
람들, 곧 "아무것도 아닌 사람들"을 일부러 택하신 것이 분명
하지 않습니까? 그렇다면 여러분 가운데 누구도 하나님 앞
에서 스스로 자랑할 수 없다는 것은 분명한 사실입니다. 우
리가 그리스도인이 되어 누리는 모든 것―바른 생각, 바른
삶, 깨끗해진 경력, 새로운 출발―은 예수 그리스도를 통해
하나님께로부터 주어진 것입니다. "자랑을 하려거든, 하나
님을 자랑하라"는 말씀이 있는 것은 바로 그 때문입니다.

2 1-2 여러분도 기억하시겠지만, 내가 처음으로 여러분
에게 가서 하나님이 행하신 놀라운 일을 전할 때, 나

는 번지르르한 말이나 최신 철학으로 여러분을 감동시키려
고 하지 않았습니다. 오히려 나는 쉽고 분명하게 전하려고
노력했습니다. 처음에는 예수가 누구이신지를 전했고, 그
다음에는 십자가에 달리신 예수가 어떤 일을 하셨는지를 전
했습니다.

3-5 나는 그 일을 어떻게 해야 하는지 자신이 없었고, 내가
그 일에 적합하지 않다는 것을 절실히 느꼈습니다. 더 솔직
히 말씀드리면, 나는 몹시도 두려웠습니다. 내가 **메시지**를
전할 때 여러분이나 다른 누구에게 감동을 주지 못한 것은
그 때문입니다. 그러나 **메시지**는 결국 전해졌습니다. 하나
님의 영과 하나님의 능력이 그렇게 한 것입니다. 여러분의
믿음의 삶이, 나나 다른 누구의 지적이고 감정적인 화려한
말솜씨에서 비롯된 반응이 아니라, 하나님의 능력에서 비롯
된 반응인 것이 분명해졌습니다.

6-10 물론 우리에게는 하나님의 지혜가 풍성합니다. 여러분
이 확고한 영적 토대 위에 서기만 하면, 여러분에게 그 지혜
를 넘겨드리겠습니다. 그런데 그 지혜는 대중적인 지혜도
아니고, 고임금의 전문가들이 선호하는 지혜도 아니고, 한
두 해가 지나면 시대에 뒤처지고 마는 지혜도 아닙니다. 하
나님의 지혜는 그분의 목적 깊은 곳에 비밀하게 감춰진 지
혜입니다. 겉만 살피는 사람은 그 지혜를 찾을 수 없습니다.
그 지혜는 최신 소식이 아니라, 가장 오래된 소식입니다. 그
지혜는, 우리가 등장하기 훨씬 오래전에 하나님께서 그분의

가장 좋은 것을 우리 안에 드러내시려고 정하신 방식입니다. 우리 시대의 전문가들은 그 영원한 계획이 무엇인지 조금도 알지 못했습니다. 만일 알았더라면, 그들은 하나님께서 계획하신 생명의 주님을 십자가에 매달아 죽이지 않았을 것입니다. 다음의 성경 말씀이 있는 것은 그 때문입니다.

어느 누구도 이 같은 것을 보거나 듣지 못했고
이 같은 것을 상상해 본 적도 없다.
그것은 하나님께서 자기를 사랑하는 이들을 위해 마련해 두신 것이다.

하지만 여러분은 그것을 보고 들었습니다. 이는 하나님께서 그분의 영을 통해 그 모든 일을 여러분 앞에 다 드러내 보이셨기 때문입니다.

10-13 성령께서는 표면에서 떠도는 것에 만족하지 않으시고 하나님의 깊은 곳으로 뛰어드셔서, 하나님이 처음부터 계획하신 것을 드러내십니다. 여러분이 생각하고 계획하고 있는 것을 여러분 자신이 아니면 누가 알겠습니까? 하나님도 마찬가지이십니다. 하나님께서는 자기가 생각하는 것을 아십니다. 또한 그것을 우리에게도 드러내 주십니다. 하나님께서는 우리에게 베푸시는 생명과 구원의 선물을 자세히 알려 주십니다. 우리는 이 세상의 추측과 견해에 의지할 필요가 없습니다. 우리가 이 사실을 아는 것은, 책을 읽거나 학교에 다

녀서가 아니라, 하나님께 직접 배웠기 때문입니다. 하나님
께서 예수를 통해 우리를 일대일로 가르쳐 주셨습니다. 그와
같은 방식으로, 우리도 그것을 여러분에게 직접 전합니다.

14-16 영에 속하지 않은 사람은, 본질상 하나님의 영의 선물
을 받을 수 없습니다. 그에게는 그럴 가능성이 없습니다. 그
의 눈에는 그 선물들이 대단히 어리석은 것처럼 보이기 때
문입니다. 영을 알 수 있는 통로는 영밖에 없습니다. 하나님
의 영과 우리의 영은 막힘없이 서로 통합니다. 우리는 영적
으로 살아 있어서, 하나님의 영이 하고 계신 모든 일에 다가
갈 수 있습니다. 우리는 영에 속하지 않은 사람들의 판단을
받지 않습니다. "하나님의 영을 아는 사람 누구인가? 하나
님께서 하고 계신 일을 아는 사람 누구인가?"라는 이사야의
물음에 답이 주어졌습니다. 바로 그리스도이십니다. 그리고
우리는 그리스도의 영을 가졌습니다.

3

1-4 그러나 친구 여러분, 지금 나는 여러분이 영에 속
하지 않은 사람처럼 사람과 하나님께 행하는 것에
몹시 실망하고 있습니다. 여러분은 그리스도와 관련해서,
젖 먹는 것 외에는 아무것도 할 수 없는 어린아이처럼 굴고
있습니다. 여러분이 더 나은 것을 소화하지 못하는 것처럼
보이니, 이제 나는 어린아이를 대하듯 여러분을 양육할 작
정입니다. 여러분의 기분을 좋게 하거나 여러분을 돋보이게

해주는 것에만 손을 뻗는다면, 모든 것이 자기 마음대로 될 때에만 만족하는 젖먹이와 여러분이 다를 것이 뭐가 있겠습니까? 여러분 가운데 어떤 사람은 "나는 바울 편이다" 말하고, 또 어떤 사람은 "나는 아볼로를 지지한다"고 말한다니, 여러분은 어린아이처럼 구는 것이 아닌가요?

5-9 여러분은 도대체 바울이 누구라고 생각합니까? 여러분은 아볼로가 누구라고 생각합니까? 우리 두 사람은 모두 종에 불과합니다. 여러분을 섬겨, 우리 주인이신 하나님께 여러분의 삶을 맡기는 법을 배우게 한 종일 따름입니다. 우리 두 사람은 주님께서 맡겨 주신 종의 임무를 수행했을 뿐입니다. 나는 씨를 심었고, 아볼로는 물을 주었습니다. 그러나 하나님께서 여러분을 자라게 하셨습니다. 이 과정에서 가장 중요한 이는 심는 자나 물을 주는 자가 아니라, 자라게 하시는 하나님이십니다. 심는 일과 물을 주는 일은 종들이 약간의 급료를 받고 하는 허드렛일에 불과합니다. 그 일을 가치 있게 해주시는 이는, 우리가 섬기는 하나님이십니다. 여러분은 하나님의 밭이며, 우리는 그 밭에서 일하는 일꾼입니다.

9-15 달리 말하면, 여러분은 하나님의 집입니다. 나는 하나님께서 내게 주신 훌륭한 건축가의 재능을 사용해 설계도를 작성했고, 아볼로는 벽을 쌓아 올리고 있습니다. 그러니 일을 맡은 목수가 그 기초 위에다 각자 신중하게 집을 짓게 하십시오. 기억하십시오! 이미 놓인 기초는 하나뿐입니다. 그 기초는 다름 아닌 예수 그리스도이십니다. 여러분은 각별히 신

경 써서 건축 재료를 고르십시오. 그러다 보면, 마침내 준공 검사를 받을 날이 올 것입니다. 여러분이 값싸거나 부실한 재료를 쓴다면 다 드러나고 말 것입니다. 준공 검사는 철저하고 엄격하게 이루어질 것입니다. 어느 것 하나 대충 넘어가는 일이 없을 것입니다. 여러분이 지은 것이 검사를 통과하면 잘된 일입니다. 그러나 검사에 통과하지 못하면, 여러분이 지은 것을 뜯어내고 다시 시작해야 할 것입니다. 여러분은 뜯기지 않고 살아남겠지만, 간신히 살아남을 것입니다. ¹⁶⁻¹⁷ 여러분이 하나님의 성전이고, 하나님께서 친히 여러분 안에 계신다는 것을 여러분은 알지 못합니까? 여러분도 알다시피, 성전을 파괴한 사람은 누구도 검사를 통과할 수 없습니다. 하나님의 성전은 거룩합니다. 여러분이 그 성전임을 잊지 마십시오.

¹⁸⁻²⁰ 여러분 자신을 속이지 마십시오. 시대의 최신 유행을 따르는 것으로 지혜로운 사람이 될 수 있다고 생각하지 마십시오. 하나님의 바보가 되십시오. 그것만이 참된 지혜에 이르는 길입니다. 이 세상이 영리하다고 하는 것을 하나님은 어리석다고 하십니다. 성경에 이렇게 기록되었습니다.

그분은 똑똑한 자들의 얕은 꾀를 폭로하신다.
주님은 모든 것을 안다고 하는 자들의 연막을 꿰뚫어 보신다.

²¹⁻²³ 나는 여러분이 자기 자신을 자랑하거나 다른 누군가를 자랑하는 것을 조금도 듣고 싶지 않습니다. 이미 모든 것이 여러분에게 선물로 주어졌습니다. 바울, 아볼로, 베드로, 세상, 생명, 죽음, 현재, 미래—이 모든 것이 여러분의 것입니다. 여러분은 하나님과 하나이신 그리스도와 하나가 되는 특권을 받았습니다.

4 ¹⁻⁴ 여러분은 우리 지도자들을 무슨 대단한 사람이라도 되는 양 여기지 마십시오. 우리는 그리스도의 종이지, 그분의 주인이 아닙니다. 우리는 하나님의 장엄한 비밀들로 여러분을 인도하는 안내인이지, 그 비밀들을 보호하기 위해 배치된 경비원이 아닙니다. 좋은 안내인이 갖추어야 할 덕목은 믿음직스러움과 정확한 지식입니다. 여러분이 나를 어떻게 생각하든, 사람들이 나를 어떻게 평가하든, 그것이 내게는 조금도 중요하지 않습니다. 나는 내 자신을 평가하지 않습니다. 그러한 일로 비교하는 것은 무의미합니다. 나는 여러분의 좋은 안내인이 되기에 어긋날 만한 일을 한 적이 없습니다. 그렇다고 내가 대단하다는 뜻은 아닙니다. 그런 판단을 내리시는 분은 주님이십니다.

⁵ 그러니 주님을 앞지르지 말고, 모든 증거가 명백히 드러나기 전에는 섣불리 결론을 내리지 마십시오. 주님이 오시면, 그분께서 우리가 생각지 못했던 모든 것—우리 마음속의

동기와 의도, 그리고 기도— 을 환히 밝히시고 증거로 제시
하실 것입니다. 그때에야 우리는 저마다 "잘했다" 말씀하시
는 하나님의 칭찬을 듣게 될 것입니다.

⁶ 친구 여러분, 내가 지금까지 이 모든 말씀을 아볼로와 나
에게 적용해서 설명한 것은, 여러분이 조심하는 법을 배워
서, 모든 사실을 알기도 전에 성급하게 판단하는 일이 없게
하려는 것입니다. 하나님의 관점으로 사태를 보는 것이 중
요합니다. 나는 여러분이 별것도 아닌 소문을 근거로, 평판
을 부풀리거나 깎아내리는 모습을 보고 싶지 않습니다.

⁷⁻⁸ 여러분을 정말로 아는 사람, 여러분의 마음을 아는 사람
이 누구입니까? 설령 그런 사람이 있다고 해도, 그들이 여
러분 안에서 발견해 낸 것 가운데 여러분 자신의 공로로 삼
을 만한 것이 무엇입니까? 여러분이 지니고 있는 것과 여러
분의 현재 모습은 모두 하나님께로부터 온 순전한 선물이
아닙니까? 그러니 비교하고 경쟁하는 것이 무슨 소용이 있
겠습니까? 여러분은 이미 필요한 모든 것을 가졌습니다. 여
러분이 감당할 수 있는 것보다 더 많은 것을 하나님에게서
받고 있습니다. 여러분은 아볼로나 나를 제쳐 둔 채 세상—
하나님이 지으신 세상—꼭대기에 앉아 있군요. 우리도 거
기에서, 여러분과 나란히 앉아 봤으면 좋겠습니다!

⁹⁻¹³ 내가 보기에, 하나님께서는 **메시지**를 전하는 우리를 아
무도 **표**를 사려고 하지 않는 극장의 무대에 올려놓으신 것
같습니다. 교통사고 현장을 구경하듯이, 모든 사람이 우리

를 둘러서서 **빤히** 쳐다보는 것 같습니다. 우리는 메시아 때문에 환경에 적응하지 못한 사람들입니다. 여러분은 자신이 있을지 모르나, 우리는 약함과 불확실성 한가운데서 살아갑니다. 여러분은 남들에게 좋은 평판을 받을지 모르나, 우리는 대부분 빙 둘러싸인 채 발길질을 당합니다. 우리는 식사할 시간도 넉넉지 않고, 누더기 옷을 입고, 문전박대를 당하고, 어디에서든 허드렛일을 얻어 근근이 생계를 꾸려 갑니다. 남들이 우리를 욕해도, 우리는 그들을 축복합니다. 남들이 우리를 두고 터무니없는 말을 해도, 우리는 그들에 대해 좋게 말합니다. 우리는 부엌에 버려진 감자 껍질처럼, 이 문화로부터 쓰레기 취급을 받습니다. 앞으로도 그보다 더 나은 대접을 받지 못할 것입니다.

¹⁴⁻¹⁶ 나는 나무라듯 하는 이웃처럼 여러분의 기분을 상하게 하려고 이 모든 글을 쓰고 있는 것이 아닙니다. 나는 자녀인 여러분에게 아버지 자격으로 이 글을 쓰고 있습니다. 나는 여러분을 사랑하고, 여러분이 버릇없이 자라지 않고 바르게 자라기를 바랍니다. 여러분 주위에는 여러분의 잘못을 서슴없이 말해 주는 사람이 많을 것입니다. 그러나 시간과 수고를 아끼지 않고 여러분이 자라도록 돕는 아버지는 많지 않을 것입니다. 예수께서 내게 하나님의 **메시지**를 여러분에게 선포할 수 있게 해주셔서, 나는 여러분의 아버지가 되었습니다. 여러분도 알다시피, 나는 내가 직접 행하지 않은 것을 여러분에게 하라고 하지 않습니다.

¹⁷ 그런 이유로, 나는 먼저 디모데를 여러분에게 보냈습니다. 그는 나의 사랑하는 아들이며 주님께 신실한 사람입니다. 내가 그리스도의 방식과 관련해서 모든 교회에 늘 제시하는 가르침을, 그가 여러분에게 새로이 기억나게 해줄 것입니다.

¹⁸⁻²⁰ 여러분 가운데 자만해서, 내 말은 물론이고 어느 누구의 말도 듣지 않는 사람이 더러 있다는 것을 압니다. 그들은 내가 직접 찾아가 얼굴을 마주할 것이라고 생각지 않는 모양입니다. 그러나 하나님께서 원하시면, 나는 여러분이 생각하는 것보다 빨리 여러분을 찾아갈 것입니다. 그래서 우리는 그들이 허세가 가득하다는 것을 확인해 볼 것입니다. 하나님의 도(道)에서 중요한 것은, 단순한 말이 아니라 능력 입은 삶이기 때문입니다.

²¹ 그러니 내가 어떤 준비를 하고 여러분에게 가는 것이 좋겠습니까? 여러분을 통제하는 엄한 교관의 모습이 좋겠습니까? 아니면, 여러분과 속마음을 터놓는 다정한 벗이나 상담자의 모습이 좋겠습니까? 결정은 여러분이 하십시오.

여러분의 몸으로 하나님을 영화롭게 하십시오

5

¹⁻² 또한 나는 여러분 교회의 가족 가운데서 수치스러운 성행위가 행해지고 있다는 소식을 접했습니다. 여러분 남자들 가운데 한 사람이 자기 계모와 잠자리를 같이하고 있다는 것입니다. 그것은 교회 밖에서도 용납되지

않는 일입니다. 그런데도 여러분은 그런 일로 당혹스러워하기는커녕 태연하기만 하더군요. 그 일로 비탄에 젖어야 하지 않겠습니까? 그 일로 무릎을 꿇고 울어야 하지 않겠습니까? 그런 일을 저지른 자와 그 소행에 맞서 어떤 조치를 취해야 하지 않겠습니까?

3-5 나라면 어떻게 할지 여러분에게 알려 드리지요. 내 몸은 그곳에 있지 않지만, 내가 여러분과 함께 그곳에 있다고 여기십시오. 무슨 일이 벌어지고 있는지 내 눈에 훤히 보이기 때문입니다. 분명히 말하건대, 그런 행위는 잘못되었습니다. 그저 외면한 채 그런 행위가 저절로 없어지기를 바라지 마십시오. 우리 주 예수의 권위로 그 문제를 공개적으로 처리하십시오. 공동체의 교우들을 모으십시오. 나는 영으로 여러분과 함께하고, 우리 주 예수께서는 권능으로 임하실 것입니다. 그 사람의 행위를 공개적으로 조사하십시오. 그에게 자기 행위를 변호하게 하십시오! 그러나 변호하지 못하거든, 그를 쫓아내십시오! 물론 그렇게 하는 것은 그에게 충격적이고, 여러분에게는 당혹스러운 일일 것입니다. 그러나 그를 지옥에 떨어뜨리기보다, 그가 충격을 받고 여러분이 당혹스러움을 겪는 것이 더 낫습니다. 여러분은 그가 다시 일어서서 심판 날에 주님 앞에서 용서받기를 원할 것입니다.

6-8 여러분이 그런 일들을 겪으면서 보인 경망스럽고 무감각한 교만이 나를 괴롭게 합니다. 여러분은 작은 것으로 여기지만, 그 교만은 작은 것이 아닙니다. 누룩은 "작은 것"이지

만, 빵 반죽 전체를 아주 빨리 부풀어 오르게 합니다. 그러니
그 "누룩"을 제거하십시오. 우리의 참된 정체성은 한결같고
순수해야지, 나쁜 성분 때문에 부풀려져서는 안됩니다. 우리
의 유월절 어린양이신 메시아께서 이미 유월절 식사를 위해
희생되셨으므로, 우리는 누룩을 넣지 않은 유월절 빵이 되었
습니다. 그러니 우리는 악독이라는 누룩을 넣어 부풀어 오른
빵이 아니라, 누룩을 넣지 않은 납작한 빵, 곧 단순하고 참되
고 꾸밈없는 빵으로 유월절에 참여해야 합니다.

⁹⁻¹³ 나는 전에 보낸 편지에서, 성관계가 문란한 사람들과 어
울리지 말라고 했습니다. 내 말은 그 같은 짓을 하는 교회 밖
의 사람들, 곧 육체노동을 하거나 사무직에 종사하면서 사
기를 치는 사람이나 영적인 사기꾼들과 전혀 상종하지 말라
는 뜻이 아니었습니다. 그렇게 하려면, 아예 이 세상을 떠나
야 할 테니까요! 그러나 내가 지금 말하는 것은, 그리스도인
을 자처하는 어떤 친구가 불륜을 저지르거나 사기를 치거나
하나님께 건방지게 굴거나 친구들에게 무례하게 굴거나 술
취하거나 탐욕스럽거나 이기적인데도, 여러분이 아무 일 없
는 것처럼 행동해서는 안된다는 것입니다. 여러분은 그런 사
람과 어울려서도 안되고, 그런 행위를 용납해서도 안됩니다.
나는 세상 사람들이 행하는 일에 대해서는 책임을 질 것이
없습니다. 그러나 믿는 사람들의 공동체 안에서 이루어진 일
에 대해서는 책임을 져야 하지 않겠습니까? 교회 밖에 있는
사람들에게 판결을 내리는 것은 하나님의 몫입니다. 그러나

우리의 형제자매가 가던 길에서 벗어날 때, 필요하다면 그들
을 내쫓아 교회를 깨끗게 하는 것은 우리의 몫입니다.

6

¹⁻⁴ 그리고 여러분이 서로를 세상 법정으로 끌고 간
다고 하는데, 어떻게 그럴 수 있습니까! 여러분이 부
당한 취급을 받았다고 생각하여, 그리스도인의 가족인 교
회 안에서 그 문제를 해결하지 않고 하나님의 방식을 전혀
모르는 세상 법정으로 앞장서 가다니, 그것이 말이 됩니까?
이 세상이 예수를 따르는 성도들로 이루어진 법정 앞에 서
게 될 날이 다가오고 있습니다. 장차 여러분이 이 세상 운명
을 판결하게 되어 있다면, 이처럼 사소한 일은 직접 판결하
는 것이 바람직하지 않겠습니까? 우리는 장차 천사들까지
심판하게 될 테니 말입니다! 여러분이 이 일상적인 사건들
을 판결하지 못할 이유가 무엇이겠습니까? 이처럼 불화와
부당한 일이 일어날 때, 어째서 여러분은 다른 면에 있어서
는 신뢰하지 않는 세상 사람들에게 그 일을 맡겨 판결을 받
으려고 합니까?

⁵⁻⁶ 내가 이토록 냉정하게 말하는 것은, 여러분이 벌이고 있
는 일이 얼마나 어리석은지 일깨우려는 것입니다. 불화와
다툼이 일어날 때, 여러분 가운데 그 일을 공정하게 판결할
만큼 분별 있는 사람이 하나도 없다는 것이 가능한 일입니
까? 믿을 수 없는 일입니다. 여러분이 하나님을 전혀 믿지

않는 사람들 앞으로 서로를 끌고 가다니요! 정의의 하나님
을 믿지 않는 그들이 어찌 정의로운 판결을 내리겠습니까?
7-8 이런 법정 다툼은 여러분의 공동체에 흉한 오점이 되고
말 것입니다. 차라리 부당한 취급을 받더라도 그냥 받아들
이고 잊어버리는 편이 더 낫지 않겠습니까? 지금 여러분이
벌이고 있는 일은, 더 많은 부당행위와 불의가 일어나도록
기름을 끼얹는 격입니다. 여러분의 영적 공동체에 속한 가
족들에게 더 많은 상처를 안겨 줄 뿐입니다.

9-11 여러분은 이것이 살길이 아니라는 것을 알지 못합니까?
하나님께 마음을 두지 않은 불의한 자들은 그분의 나라에
들어가지 못할 것입니다. 서로를 이용하고 악용하는 자들,
성(性)을 이용하고 오용하는 자들, 땅을 이용해 먹으면서 땅
과 거기에 있는 모든 것을 착취하고 남용하는 자들은 하나
님 나라의 시민이 될 자격이 없습니다. 여러분 가운데 상당
수는 내가 무엇을 두고 말하는지 경험으로 알 것입니다. 얼
마 전까지만 해도 여러분이 그렇게 살았으니 말입니다. 그
러나 그 이후로 여러분은 우리 주님이시며 메시아이신 예수
와, 우리 안에 계신 하나님 곧 성령으로 말미암아 깨끗해졌
고 새로운 출발을 하게 되었습니다.

12 법적으로 문제가 없다고 해서 영적으로 적합한 것은 아닙
니다. 만일 내가 해도 된다고 생각한 것을 무엇이나 하면서
돌아다녔다면, 나는 변덕의 노예가 되고 말았을 것입니다.

13 "처음에는 살기 위해 먹지만, 나중에는 먹기 위해서 산

다"는 옛 격언을 아시지요? 어찌 보면, 몸은 덧없는 것이라
는 말이 타당한 것처럼 들립니다. 그렇다고 해서 여러분의
몸을 음식으로 가득 채우거나, 여러분의 몸을 섹스에 내맡
기는 것이 정당화되는 것은 아닙니다. 주님께서 몸으로 여
러분을 영화롭게 하시니, 여러분도 자신의 몸으로 그분을
영화롭게 하십시오!

14-15 하나님께서는 주님의 몸을 무덤에서 일으켜 영화롭게
하셨습니다. 그분은 똑같은 부활의 능력으로 여러분의 몸을
대하실 것입니다. 그때까지, 여러분의 몸이 주님의 몸과 똑
같이 존귀하게 지어졌음을 기억하십시오. 여러분은 주님의
몸을 매음굴로 끌고 갈 작정입니까? 나는 여러분이 그러지
않기를 바랍니다.

16-20 섹스에는 살갗과 살갗의 접촉 그 이상의 것이 있습니
다. 섹스는 육체적 사실만큼이나 영적인 비밀이 있습니다.
이는 성경에 "두 사람이 한 몸이 될 것이다"라고 기록된 것
과 같습니다. 영적으로 주님과 하나가 되려거든, 헌신과 친
밀함이 없는 섹스, 우리를 전보다 더 외롭게 하는 섹스, 결
코 "한 몸이 될" 수 없는 섹스를 추구하지 마십시오. 성적인
죄는 다른 모든 죄와는 의미가 다릅니다. 성적인 죄는 우리
몸의 거룩함을 더럽히는 죄입니다. 우리 몸은, 하나님께서
주시고 하나님께서 의도하신 사랑을 위해 다른 사람과 "한
몸이 되도록" 지어졌습니다. 여러분은 여러분의 몸이, 성령
께서 거하시는 거룩한 곳임을 알지 못합니까? 여러분은 하

나님께서 엄청난 대가를 치르고 사신 여러분의 몸을 함부로 굴리면서 제멋대로 살아서는 안된다는 것을 모릅니까? 여러분의 몸은 여러분의 영적인 부분에 속해 있는 소유물이 아닙니다. 그 모든 것의 주인은 하나님이십니다. 그러니 여러분의 몸 안에서, 여러분의 몸을 통해, 사람들이 하나님을 볼 수 있게 하십시오.

결혼과 독신에 관한 지침

7 ¹ 이제, 나는 여러분이 내게 편지하면서 던진 질문에 답하려고 합니다. 첫째, '성관계를 갖는 것이 바람직한 일일까요?'

²⁻⁶ 물론입니다. 그러나 결혼이라는 확실한 관계 안에서만 그렇습니다. 남자가 아내를 얻고, 여자가 남편을 얻는 것은 좋은 일입니다. 성적인 욕구가 강하다고 하지만, 부부관계는 그 욕구를 다스릴 뿐 아니라 성적 무질서의 세상 속에서 균형 잡히고 만족스러운 성생활을 지켜 줄 만큼 강합니다. 부부의 잠자리는 서로를 위한 자리가 되어야 합니다. 남편은 아내를 만족시키기 위해 힘쓰고, 아내도 남편을 만족시키기 위해 힘써야 합니다. 부부관계는 "자신의 권리를 주장하는" 자리가 아닙니다. 부부관계는 침대 안에서든 침대 밖에서든, 상대방을 섬기겠다는 결단입니다. 성관계의 절제는 부부가 기도나 금식에 전념하기 위해 서로가 동의하는 한에서만 일정 기간 허용될 수 있습니다. 그 기간에만 그렇게 해야 합니

다. 정한 기간이 끝난 다음에는, 다시 함께하십시오. 여러분이 부부관계에 대한 기대를 접는 순간, 사탄이 교묘하게 유혹하기 때문입니다. 나는 그 같은 절제의 기간을 가지라고 명하는 것이 아닙니다. 다만, 여러분이 그런 기간을 갖고자 할 때에 필요한 최선의 조언을 제시하는 것뿐입니다.

7 가끔씩 나는 모든 사람이 나처럼 독신이기를 바랍니다. 그것이 여러 생활방식 중에서 보다 단순한 생활방식이기 때문입니다! 그러나 결혼생활과 마찬가지로, 독신생활도 모든 사람에게 맞는 것은 아닙니다. 하나님께서 어떤 사람에게는 독신생활을 선물로 주시고, 어떤 사람에게는 결혼생활을 선물로 주십니다.

8-9 하지만 결혼하지 않은 사람과 과부들에게 말합니다. 내가 그랬던 것처럼, 홀로 지내는 것이 가장 좋을 것입니다. 그러나 욕구와 감정을 다스리지 못하겠거든, 어서 결혼하는 것이 좋습니다. 결혼생활이 수고롭기는 해도, 홀로 살면서 정욕에 시달리는 것보다는 낫습니다.

10-11 이미 결혼한 사람들은 결혼생활을 유지하십시오. 이것은 나의 명령이 아니라 주님의 명령입니다. 남편과 헤어진 여자는, 홀로 지내든가 아니면 돌아가서 남편과 화해하는 것이 좋습니다. 남편도 아내를 버릴 권리는 없습니다.

12-14 여러분 중에는 믿지 않는 사람—그리스도인이 아닌 사람—과 결혼한 이들이 있는데, 주님은 그들에게 이렇다 할 명령을 주지 않으셨습니다. 그러니 이렇게 하십시오. 믿는

남자에게 믿지 않는 아내가 있고 그 아내가 남편과 같이 살기를 원한다면, 그녀와 함께 사십시오. 믿는 여자에게 믿지 않는 남편이 있고 그 남편이 아내와 같이 살기를 원한다면, 그와 함께 사십시오. 믿지 않는 남편은 자기 아내의 거룩함을 어느 정도 나누어 갖게 되며, 믿지 않는 아내도 자기 남편의 거룩함에 어느 정도 영향을 받게 마련입니다. 그렇지 않으면, 그들의 자녀는 버림받은 상태가 되고 말 것입니다. 그 자녀들도 하나님의 영적인 목적에 포함되어 있습니다.

15-16 그러나 믿지 않는 배우자가 떠나가려고 하면, 떠나가게 내버려 두는 것이 좋습니다. 필사적으로 붙잡을 필요가 없습니다. 하나님께서 우리를 부르신 것은, 할 수 있는 한 평화롭게 살고 최선을 다해 살게 하려는 것입니다. 아내 여러분, 여러분이 이같이 함으로써 남편을 여러분과 하나님께로 돌아오게 할는지도 모릅니다. 남편 여러분, 여러분이 이렇게 함으로써 아내를 여러분과 하나님께로 돌아오게 할는지도 모릅니다.

17 그러니 여러분은 어딘가 다른 곳에 있기를 바라거나, 누군가 다른 사람과 살았으면 하고 바라서는 안됩니다. 여러분이 지금 있는 곳이야 말로, 하나님께서 여러분을 위해 마련해 주신 삶의 자리입니다. 바로 거기에서 살고 순종하고 사랑하고 믿으십시오. 여러분 삶의 가치를 결정하는 것은 하나님이시지, 결혼 여부가 아닙니다. 내가 다른 사람들보다 여러분에게 더 엄하다고 생각지 마십시오. 나는 모든 교

회에 똑같이 조언하고 있습니다.

18-19 하나님께 부르심을 받을 때 여러분이 유대인이었습니까? 그렇다면 유대인이라는 증거를 없애려고 하지 마십시오. 하나님의 부르심을 받을 때 여러분이 이방인이었습니까? 그렇다면 유대인이 되려고 하지 마십시오. 유대인인지의 여부가 중요한 것이 아닙니다. 정말 중요한 것은, 하나님의 부르심에 순종하고 그분의 계명을 지키는 것입니다.

20-22 하나님께서 여러분의 이름을 부르실 때 여러분이 있던 바로 그 자리에 머무르십시오. 여러분이 종이었습니까? 종의 신분이 순종이나 믿음에 걸림돌이 되는 것은 아닙니다. 내 말은 여러분이 옴짝달싹 못하게 매여 있으니 벗어날 수 없다는 뜻이 아닙니다. 자유인이 될 기회를 얻게 되거든, 속히 그 기회를 붙잡으십시오. 나는 여러분이 새로운 주인을 모시면, 여러분이 꿈에도 생각지 못했던 놀라운 자유를 경험하게 될 것이라고 말씀드리는 것입니다. 다른 한편으로, 그리스도께서 여러분을 부르실 때 여러분이 자유인이었다면, 여러분은 꿈에도 생각지 못했던 "하나님께 종이 되는" 기쁜 경험을 하게 될 것입니다.

23-24 종이든 자유인이든 간에, 한때 여러분 모두는 죄악된 사회에 볼모로 잡혀 있었습니다. 그때 하나님께서 여러분의 몸값으로 어마어마한 금액을 치르셨습니다. 그러니 여러분은 다른 사람이 시키는 대로 행하던 옛 습관으로 돌아가지 마십시오. 친구 여러분, 여러분이 부름받았던 그 자리에 머

무르십시오. 하나님께서 그 자리에 함께 계십니다. 고상한 자세를 견지하고 하나님 곁에 머무르십시오.

25-28 주님께서 처녀들과 관련해서는 이렇다 할 지침을 주지 않으셨습니다. 그러나 주님의 크신 자비를 경험하고 줄곧 그분께 충성한 사람으로서 드리는 나의 조언을, 여러분은 신뢰할 수 있을 것입니다. 지금 사방에서 우리에게 가해져 오는 압박이 있으니, 나는 여러분이 현재 상태로 살아가는 것이 가장 좋겠다고 생각합니다. 결혼했습니까? 그렇다면 결혼한 상태로 살아가십시오. 미혼입니까? 그렇다면 미혼인 상태로 살아가십시오. 그러나 여러분이 처녀든 아니든, 결혼하는 것이 죄는 아닙니다. 내가 말씀드리려는 것은, 이미 우리를 압박하는 일이 많은 이 시대에, 여러분이 결혼하면 더 많은 스트레스를 받게 되리라는 것입니다. 가능하다면, 나는 여러분을 붙잡고 말리고 싶습니다.

29-31 친구 여러분, 나는 시간이 아주 중요하다는 점을 말씀드리고 싶습니다. 낭비할 시간이 없으니, 여러분의 삶을 쓸데없이 복잡하게 만들지 마십시오. 결혼생활이든, 슬픈 일이나 기쁜 일을 만나든, 무슨 일을 하든지 단순하게 사십시오. 쇼핑 같은 평범한 일을 할 때에도 그렇게 하십시오. 세상이 여러분에게 억지로 떠맡기는 일은, 가급적 삼가십시오. 여러분도 보다시피, 이 세상은 소멸해 가고 있습니다.

32-35 나는 여러분이 할 수 있는 한 복잡한 일에서 벗어나 살아가기를 바랍니다. 미혼이면 여러분은 주님을 기쁘시게 해

드리는 일에 마음껏 집중할 수 있습니다. 결혼한 사람은 자잘한 집안일과 배우자를 기쁘게 하는 데 매이게 되고, 신경 써야 할 수많은 요구에 매이게 됩니다. 미혼인 사람은, 결혼한 사람이 서로를 돌보고 부양하기 위해 기울이는 시간과 에너지를 하나님의 온전하고 거룩한 도구가 되는 데 쏟을 수 있습니다. 나는 여러분에게 도움을 주어 그 일을 가급적 용이하게 하려는 것이지, 더 어렵게 하려는 것이 아닙니다. 내가 바라는 것은, 여러분이 주님과 많은 시간을 보내면서 크게 주의를 빼앗기지 않는 생활방식을 발전시켜 가는 것입니다.

36-38 어떤 남자가 여자친구에게 성실을 다하면서도 독신으로 하나님을 섬기겠다고 결심하여 결혼할 마음이 없다가, 마음이 변해서 그녀와 결혼하기로 결심했다면 어서 결혼하는 것이 좋습니다. 결혼이 죄가 되는 것도 아니고, 일부 사람들이 말하는 것처럼 독신생활보다 "한 단계 낮은" 것도 아닙니다. 그러나 어떤 남자가 하나님을 섬기기 위해 홀로 지내기로 결심했고, 그 결심이 다른 사람들의 강요가 아니라 자신의 확신에 따른 것이라면, 그는 홀로 지내는 것이 좋습니다. 결혼생활은 도덕적으로나 영적으로 바르며, 어느 모로 보나 독신생활보다 낮은 차원의 삶이 전혀 아닙니다. 그러나 앞에서 말씀드린 대로, 나는 우리가 살고 있는 이 시대의 특성 때문에 목회적인 이유로 독신생활을 장려하는 것입니다.

39-40 아내는 남편이 살아 있는 동안 남편과 함께 지내야 합니다. 그러나 남편이 죽으면 자기가 원하는 사람과 결혼할

자유가 있습니다. 물론 그녀는 믿는 사람과 결혼하여 주님
의 축복을 받고 싶어 할 것입니다. 지금쯤 여러분은 내 생각
을 아시겠지만, 나는 그녀가 독신으로 지내는 편이 더 좋을
것이라고 생각합니다. 주님도 그렇게 생각하실 것입니다.

책임이 따르는 자유

8 ¹⁻³ 우상에게 바친 고기와 관련해서 여러분은 끊임없
이 이런 질문을 합니다. '우상에게 바친 고기가 차려
진 식탁에 앉아야 하나요, 말아야 하나요?' 종종 우리는 이
런 질문에 답하기 위해 알아야 할 모든 것을 알고 있다고 생
각하기 쉽습니다. 그러나 교만한 지성보다는 겸손한 마음이
우리에게 더 많은 도움이 됩니다. 하나님 한분만이 모든 것
을 아십니다. 이것을 인정할 때까지 우리는 제대로 알고 있
다고 할 수 없습니다.

⁴⁻⁶ 어떤 사람들은 우상이라는 것은 전혀 실체가 없는 것이
고 아무것도 아니며, 우리 하나님 한분밖에는 다른 신이 없
다고 아주 정확하게 말합니다. 또한 그들은 아무리 많은 신
들의 이름이 불려지고 숭배되어도, 모두 터무니없는 이야기
에 지나지 않는다고 말합니다. 아버지 하나님 한분만이 계
실 뿐이며, 만물이 그분에게서 났고, 그분은 우리가 그분을
위해 살아가기를 바라신다고 아주 정확하게 말합니다. 그리
고 오직 한분 주님—메시아 예수—만이 계시고, 만물이 그
분을 위해 존재하며, 우리도 그분을 위해 존재한다고 말합

니다. 옳은 말입니다.

7 엄밀하게 따지자면, 우상에게 바친 고기에는 아무 일도 일어나지 않습니다. 그것은 여느 고기와 똑같습니다. 이것은 나도 알고 여러분도 아는 사실입니다. 그러나 아는 것이 전부가 아닙니다. 아는 것이 전부가 되어 버리면, 몇몇 사람은 다 아는 자로 자처하며 다른 사람을 아무것도 알지 못하는 자로 여기게 될 것입니다. 참된 앎은 그렇게 무신경한 것이 아닙니다.

이와 관련해서 우리는, 모든 사람의 이해 수준이 똑같지 않다는 것을 알아야 합니다. 여러분 가운데는 평생 동안 "우상에게 바친 고기"를 먹어 왔고, 그 고기 속에 악한 것이 들어 있어서 여러분 안에서도 악한 것이 될 것이라고 생각하는 사람이 있습니다. 그런 조건 아래서 형성된 상상력과 양심이라면, 하룻밤 사이에 갑자기 바뀌지는 않을 것입니다.

8-9 그러나 다행히도, 하나님께서는 먹는 음식으로 우리의 등급을 매기지 않으십니다. 우리가 그릇을 깨끗이 비운다고 칭찬받는 것도 아니고, 다 먹지 못한다고 질책받는 것도 아닙니다. 그러나 하나님께서는, 여러분이 자신의 자유를 부주의하게 행사한 나머지, 아직 과거의 틀과 생각에서 자유롭지 못한 동료 신자들을 길에서 벗어나게 할까 봐 마음을 쓰십니다.

10 예를 들어, 여러분이 우상숭배를 위해 차려진 잔치, 곧 우상에게 바친 고기가 주요 요리인 잔치에 참석함으로써 여러

분의 자유를 과시한다고 해봅시다. 만일 그 문제로 고민하던 어떤 사람이 평소에 여러분을 지적이고 성숙한 사람으로 여겼는데, 그 잔치에 여러분이 참석하는 모습을 본다면 커다란 위험이 되지 않겠습니까? 그는 대단히 혼란스러워 할 것입니다. 어쩌면 그는 자기 양심이 하는 말이 틀렸다고 생각하며 불안해 할지도 모릅니다.

11-13 그리스도께서는 그 사람을 위해서도 자기 목숨을 내어 주셨습니다. 그렇다면 여러분은 적어도 그 사람을 위해 그런 잔치에 가지 말아야 하지 않겠습니까? 여러분이 말하는 것처럼, 잔치에 가고 안 가고가 중요한 문제는 아니니까요. 그러나 여러분이 잔치에 간 것이 여러분의 동료에게 심각한 상처를 주고 그를 영원히 망하게 한다면, 그것은 큰 문제가 아닐 수 없습니다! 여러분의 동료에게 상처를 주는 것은 그리스도께 상처를 주는 것입니다. 여기저기서 거리낌 없이 행해지는 식사는, 이 약한 사람들을 희생시켜도 될 만큼 가치 있는 것은 아닙니다. 우상숭배로 더러워진 음식을 먹으러 가는 것이 여러분의 형제자매 가운데 한 사람이라도 걸려 넘어지게 할 우려가 있다면, 절대로 그 자리에 가지 마십시오.

❧

9 1-2 나에게 이런 글을 쓸 권한이 없다고 말하지 마십시오. 나에게는 분명 이렇게 할 자유가 있습니다. 그렇지 않습니까? 내가 수행할 직무를 받지 못했다는 말입니

까? 내가 우리 주 예수를 대면하여 이 일을 위임받지 않았다는 말입니까? 내가 주님을 위해 행한 선한 일의 증거가 여러분이지 않습니까? 다른 사람은 내가 위임받은 권한을 인정하지 않더라도, 여러분은 그럴 수 없습니다. 여러분과 함께한 나의 일이 내 권한의 생생한 증거이기 때문입니다!

3-7 나를 비판하는 사람들에게 나는 거리낌 없이 항변합니다. 하나님을 위해 선교사로 임명받은 우리에게는, 그에 걸맞은 편의를 도모할 권리가 있습니다. 우리에게는 우리와 가족을 위해 후원 받을 권리가 있습니다. 여러분은 이 문제와 관련해서, 다른 사도들과 우리 주님의 형제들과 베드로에게는 이의를 제기하지 않는 것 같습니다. 그런데 나에게는 어째서 이의를 제기합니까? 바나바와 나만은 혼자 힘으로 생계를 유지해야 한다는 말입니까? 군인이 자기 힘으로 생계를 유지하며 군복무를 합니까? 정원사가 자기 정원에서 나온 채소를 먹어서는 안되는 것입니까? 우유 짜는 사람이 통에 담긴 우유를 마시지 말아야 한다는 말입니까?

8-12 나는 화가 나서 언성을 높이는 것이 아닙니다. 이것은 성경의 율법에도 기록되어 있습니다. 모세는 "타작 일을 하는 소의 입에 망을 씌워 낟알을 먹지 못하게 해서는 안된다"고 했습니다. 농장의 동물들을 돌보는 것이 모세의 일차적인 관심사였다고 생각합니까? 여러분은 그의 관심이 우리에게도 미치고 있다고 생각지 않습니까? 당연히 모세의 관심은 우리에게도 미칩니다. 농부가 밭을 갈고 타작하는 것

은, 추수할 때에 기대하는 것이 있기 때문입니다. 여러분 가
운데 영적인 씨를 뿌린 우리가 여러분에게 한두 끼 식사를
기대한다고 해서, 그것이 지나친 일이겠습니까? 다른 사람
들은 여러분에게 그런 식으로 많은 것을 요구하더군요. 그
렇다면 이제까지 한 번도 요구한 적 없는 우리는 그럴 권리
가 더 있지 않겠습니까?

12-14 우리는 정당하게 요구할 권리를 줄곧 가지고 있었지만,
그렇다고 그 권리를 행사할 마음은 없습니다. 우리는 그리
스도의 메시지에 방해가 되거나 그 가치를 떨어뜨리기보다
는, 차라리 무슨 일이든지 참기로 결심했습니다. 다만 나는
여러분이 우리의 결심을 이용해 다른 사람들을 속이고, 그
들의 정당한 몫을 가로채지나 않을까 염려할 따름입니다.
여러분도 알다시피, 성전에서 일하는 사람은 성전 수입으로
살고, 제단에서 제사를 드리는 사람은 제물로 바쳐진 것을
먹지 않습니까? 주님께서도 같은 취지로 말씀하셨습니다.
메시지를 전하는 사람은 그 **메시지**를 믿는 사람들의 후원을
받아야 한다고 말입니다.

15-18 그러나 나는 내 자신을 위해 이 권리를 행사한 적이 없
으며, 이렇게 편지하는 것도 무엇을 얻으려는 것이 아님을
분명히 하고자 합니다. 나는 누군가에게 나를 불신하거나
나의 동기를 의심할 만한 빌미를 주느니 차라리 죽는 편을
택하겠습니다. 내가 **메시지**를 선포하는 것은, 그것으로 나
의 이익을 취하기 위해서가 아닙니다. 나는 메시지를 전하

지 않을 수 없습니다. 만일 내가 **메시지**를 전하지 않으면, 나는 파멸하고 말 것입니다! **메시지**를 전하여 생계를 꾸리는 것이 내 생각이었다면, 나는 약간의 급여라도 기대했을 것입니다. 그러나 **메시지**를 전하는 것은 내 생각이 아니라 내게 엄숙하게 맡겨진 사명입니다. 그러니 내가 어찌 급여를 기대할 수 있겠습니까? 그렇다면 내가 **메시지**를 전하여 얻는 것이 있을까요? 사실을 말씀드리면, 얻는 것이 있습니다. 여러분에게 값없이 **메시지**를 전하는 즐거움이 그것입니다. 그러니 여러분은 나의 경비를 지불하지 않아도 됩니다.

19-23 나는 어느 누구의 요구나 기대에 매이지 않는 자유인이지만, 다양한 부류의 사람들에게 다가가려고 자발적으로 모든 사람—종교인들, 비종교인들, 매우 신중한 도덕가들, 자유분방하게 사는 부도덕한 자들, 실패한 자들, 타락한 자들—의 종이 되었습니다. 나는 그들의 생활방식을 받아들이지는 않았습니다. 나는 그리스도 안에 내 뜻을 두었지만, 그들의 세계로 들어가서 그들의 관점으로 경험하고자 했습니다. 나는 모든 모양의 종이 되어, 만나는 사람들을 하나님께 구원받은 삶으로 인도하고자 애썼습니다. 내가 이 모든 일을 한 것은 **메시지** 때문이었습니다. 나는 **메시지**를 두고 이러쿵저러쿵 논하기보다, 다만 **메시지**에 참여하고 싶었을 따름입니다!

24-25 여러분은 경기장에서 육상선수들이 달리는 모습을 보았을 것입니다. 모든 선수가 달리지만, 상을 받는 선수는 한

명뿐입니다. 여러분도 상을 받을 수 있도록 달려가십시오. 훌륭한 육상선수는 너나없이 열심히 훈련합니다. 그들은 녹슬어 없어질 금메달을 따려고 훈련하지만, 여러분은 영원한 금메달을 따려고 훈련하는 것입니다.

²⁶⁻²⁷ 여러분은 어떤지 모르겠으나, 나는 결승선에 닿으려고 열심히 달리고 있습니다. 나는 내가 가진 모든 것을 그 일에 쏟고 있습니다. 되는 대로 사는 것은 나에게 있을 수 없는 일입니다! 나는 정신을 바짝 차리고 최상의 상태를 유지하고 있습니다. 이는 방심하다가 허를 찔리는 일이 없게 하려는 것입니다. 다른 모든 사람에게 **메시지**를 전하고 나서, 정작 나 자신은 버림받는 일이 없게 하려는 것입니다.

10 ¹⁻⁵ 친구 여러분, 우리의 역사를 떠올려 경계를 삼기 바랍니다. 우리 조상들은 모두 하나님의 섭리로 구름의 인도를 받았고, 기적적으로 바다를 건넜습니다. 모세가 그들을 종의 상태에서 구원으로, 죽음에서 생명으로 이끌 때, 그들은 우리가 세례를 받듯이 물속을 지났습니다. 그들은 모두 같은 음식을 먹고 같은 음료를 마셨습니다. 그것은 하나님께서 날마다 공급해 주신 식사였습니다. 그들은 바위틈에서 솟아나는 물을 마셨습니다. 하나님께서 그들을 위해 마련하신 바위에서 솟아난 물은, 그들이 있는 곳이면 어디에서나 그들과 함께 머물렀습니다. 그 바위는

다름 아닌 그리스도였습니다. 그러나 하나님의 기적과 은혜를 경험한 것이 그들에게는 큰 의미가 없었던 것 같습니다. 광야에서 어려운 시기를 보내는 동안, 그들 대다수가 유혹에 무너지고 말았으니까요. 결국 하나님께서도 그들을 기뻐하지 않으셨습니다.

6-10 똑같은 일이 우리에게도 일어날 수 있습니다. 그러니 우리는 그들처럼 자기 마음대로 하려고 하다가 허를 찔리는 일이 없도록 조심하지 않으면 안됩니다. "백성이 먼저 파티를 벌이고, 그런 다음 춤을 추었다"고 했지만, 우리는 그들처럼 우리의 신앙을 떠들썩한 쇼로 변질시켜서는 안됩니다. 성적으로 문란해서도 안됩니다. 잊지 마십시오. 그들은 성적으로 문란하게 살다가 하루에 23,000명이나 죽었습니다! 우리가 그리스도를 섬겨야지, 그리스도께서 우리를 섬기게 해서는 안됩니다. 그런데도 그들은 그렇게 했고, 결국 하나님께서는 독뱀을 풀어놓으셨습니다. 우리는 불평하지 않도록 조심해야 합니다. 그들은 불평하다가 멸망했습니다.

11-12 이 모든 것은 "위험!"을 알리는 경고 표지입니다. 이 모든 것이 우리의 역사책에 기록된 것은, 우리로 하여금 그들의 실수를 되풀이하지 않게 하려는 것입니다. 우리의 처지가 그들과 유사합니다. 그들이 처음이라면, 우리는 나중이라고 할 수 있습니다. 우리도 그들처럼 실패할 수 있습니다. 그러니 순진하게 속지도 말고 자만하지도 마십시오. 여러분도 예외가 아닙니다. 여러분도 다른 누구처럼 쉽게 넘어질

수 있습니다. 자신에 대한 신뢰는 버리십시오. 그런 것은 전혀 도움이 되지 않습니다. 오히려 하나님께 대한 신뢰를 기르십시오.

13 여러분의 앞길에 닥치는 시험과 유혹은 다른 사람들이 직면해야 했던 시험과 다르지 않습니다. 다만 여러분이 기억해야 할 것은, 하나님께서 여러분을 포기하지 않으시고, 여러분이 한계 이상으로 내밀리지 않게 하시며, 그 시험을 이기도록 언제나 곁에 계시며 도우신다는 사실입니다.

14 그러니 사랑하는 친구 여러분, 사람들이 하나님을 어떤 대상으로 전락시켜 이용하거나 통제하려는 모습이 보이거든, 할 수 있는 한 속히 그 모임에서 빠져나오십시오.

15-18 이제 나는 성숙한 신자들에게 하듯이 말하겠습니다. 여러분 스스로 결론을 내려 보십시오. 우리가 성찬 때 축복의 잔을 마시는 것은 그리스도의 피, 그리스도의 참 생명에 참여하는 것이 아닙니까? 마찬가지로, 우리가 빵을 떼어 먹는 것도 그리스도의 몸, 그리스도의 참 생명에 참여하는 것이 아닙니까? 여럿인 우리가 하나가 되는 것은 빵이 하나이기 때문입니다. 그리스도가 우리 안에서 조각조각 나는 것이 아닙니다. 오히려 우리가 그분 안에서 하나가 되는 것입니다. 우리가 그리스도를 우리의 모습으로 축소시키는 것이 아니라, 오히려 그리스도가 우리를 그분의 모습으로 끌어올리십니다. 옛 이스라엘에서도 그런 일이 일어났습니다. 하나님의 제단에 바친 제물을 먹는 사람은 하나님의 활동에

참여한 사람이 되었던 것입니다.

¹⁹⁻²² 이제 차이점을 아시겠습니까? 우상에게 바친 제물은 아무것도 아닌 것에 바친 것입니다. 우상이 아무것도 아니기 때문입니다. 그러나 사실 우상은 아무것도 아닌 것보다 더 심각합니다. 그것은 바로 마귀입니다. 바라건대, 여러분은 스스로를 여러분보다 못한 것으로 떨어뜨리지 마십시오. 여러분은 둘 다 가질 수 없습니다. 여러분이 한 날은 주님과 잔치를 벌이고, 이튿날에는 마귀들과 잔치를 벌일 수 없습니다. 주님은 그런 것을 참으시는 분이 아닙니다. 주님은 우리의 전부를 원하십니다. 전부가 아니라면 우리는 아무것도 아닌 것이 됩니다. 그런데도 여러분은 여러분보다 못한 것과 어울리시겠습니까?

²³⁻²⁴ 여러분은 한 면만 보고 이렇게 말할지도 모르겠습니다. "뭐든지 괜찮아. 하나님은 한없이 관대하시고 은혜로우시잖아. 그러니 우리가 무슨 일을 할 때마다, 그것이 그분의 기준을 통과할지 일일이 따져 보거나 조사하지 않아도 돼"라고 말입니다. 그러나 무사히 잘 빠져나가는 것이 핵심이 아닙니다. 우리가 제대로 살아야 하겠지만, 무엇보다 우리가 노력을 기울여야 할 것은, 다른 사람들이 제대로 살도록 돕는 일입니다.

²⁵⁻²⁸ 이것을 행동의 근거로 삼으면, 나머지는 상식선에서 해결됩니다. 예를 들어, 정육점에서 판매하는 것은 무엇이든 먹어도 됩니다. 정육점에서 파는 고기마다 우상에게 바친

것인지 아닌지 따질 필요가 없습니다. 결국 땅과 거기서 난 모든 것이 하나님의 것이니까요. 정육점에서 판매하는 양의 다리도 땅에서 난 모든 것에 포함됩니다. 믿지 않는 사람이 초대한 저녁식사에 여러분이 가고 싶다면, 가서 마음껏 즐기십시오. 여러분 앞에 차려진 음식은 무엇이나 드십시오. 여러분을 초대한 사람에게, 차려진 음식마다 윤리적으로 깨끗한 것인지 일일이 추궁하듯 묻는다면, 그것은 예의에 어긋난 행위이며 바람직한 영성도 아닙니다. 그러나 여러분을 초대한 사람이 일부러 "이것과 저것은 우상에게 바친 음식입니다" 하고 말해 주거든, 그 음식은 먹지 않는 것이 좋습니다. 여러분은 그 음식이 어디에서 왔든 개의치 않겠지만, 여러분을 초대한 사람은 그렇지 않습니다. 여러분은 그 사람에게 여러분이 예배하는 분에 관해 혼란스런 메시지를 주어서는 안되기 때문입니다.

²⁹⁻³⁰ 이처럼 특별한 경우가 아니라면, 나는 속 좁은 사람들이 하는 말에 마음 졸이며 신경 쓰지 않겠습니다. 나는 마음 편히 처신하겠습니다. 마음이 넓으신 주님께서 어떻게 말씀하셨는지 알기 때문입니다. 내 앞에 차려진 음식을 먹으면서 식탁에 놓인 것을 두고 하나님께 감사드린다면, 그런 내가 어떻게 남이 하는 말을 두고 마음을 졸이겠습니까? 내가 그 음식에 대해 하나님께 감사드렸고, 하나님께서도 그 음식을 축복해 주셨는데 말입니다!

³¹⁻³³ 그러니 남들이 여러분을 두고 뭐라고 말하든지, 신경

쓰지 말고 마음껏 드십시오. 결국 여러분이 음식을 먹는 것
은, 하나님의 영광을 위한 것이지 사람들을 기쁘게 하기 위
해 먹는 것이 아니기 때문입니다. 무슨 일을 하든지 그렇게
하십시오. 마음을 다하여 자유롭게 하나님의 영광을 위해
하십시오. 그러나 여러분의 자유를 지각없이 행사하지는 마
십시오. 여러분만큼 자유롭지 못한 사람들의 감정을 상하게
하지 마십시오. 나는 이 모든 문제에서 모든 사람의 기분을
헤아리려고 최선을 다하고 있습니다. 여러분도 그렇게 하기
를 바랍니다.

하나님의 영광을 위해

11 ¹⁻² 여러분이 나를 기억하고 존중하여, 내가 여러
분에게 가르쳐 준 믿음의 전통을 지키고 있다니
내 마음이 참 기쁩니다. 모든 실질적인 권위는 그리스도께
로부터 옵니다.

³⁻⁹ 부부관계에서 남편의 권위는 그리스도에게서 오고, 아내
의 권위는 남편에게서 온 것입니다. 그리스도의 권위는 하
나님의 권위입니다. 그리스도의 권위를 존중하지 않으면서
하나님과 대화하거나 하나님에 대해 말하는 사람이 있다면,
그는 그리스도의 명예를 실추시키는 자입니다. 마찬가지로,
자기 남편의 권위를 존중하지 않으면서 하나님과 대화하는
아내가 있다면, 그 아내는 자기 남편의 명예를 실추시키는
것은 물론이고 자기 명예까지 실추시키는 것입니다. 그것은

머리를 민 여자처럼 보기 흉한 모습입니다. 여자들이 예배
중에 머리덮개를 쓰는 관습은 기본적으로 여기에서 유래한
것입니다. 그러나 남자는 모자를 벗습니다. 남자와 여자는
너무도 빈번하게 머리를 맞대고 충돌하지만, 그 같은 상징
적 행위를 통해 자신의 머리를 우리의 머리 되신 하나님께
복종시키는 것입니다.

10-12 그러나 여기서 남자와 여자의 차이를 너무 확대해서 해
석하지는 마십시오. 남자나 여자나 누구든지 혼자 힘으로
살 수 없고, 누가 먼저라고 할 수도 없습니다. 남자가 하나
님의 아름답고 빛나는 형상을 반영하여 먼저 지어진 것이
사실이지만, 그때 이후로 모든 남자는 여자에게서 나왔습니
다! 사실, 모든 것이 하나님께로부터 온 것이니, "누가 먼저
냐?"를 따지는 일은 이제 그만둡시다.

13-16 여러분은 이 상징 속에 무언가 강력한 것이 있음을 인
정하지 않습니까? 여자의 아름다운 머리카락은 하나님께
경배하며 기도하는 천사를 생각나게 하고, 경건한 마음으로
모자를 벗은 남자의 머리는 순종하는 가운데 기도하는 모습
을 연상시키지 않습니까? 나는 여러분이 이 문제로 논쟁을
벌이지 않기를 바랍니다. 하나님의 모든 교회는 이런 문제
로 논쟁하지 않습니다. 나는 여러분만 예외인 것처럼 고집
피우지 않기를 바랍니다.

17-19 다음 문제와 관련해서는, 내 마음이 조금도 기쁘지 않
습니다. 여러분이 함께 모일 때, 여러분의 가장 좋은 모습이

아니라 가장 나쁜 모습이 드러나는 것으로 알고 있습니다!
첫째, 여러분이 서로 갈라져 다투고 비난한다는 소식이 들
려옵니다. 믿고 싶지 않지만, 그것이 사실이군요. 그 문제에
대해 내가 할 수 있는 최선의 답변은, 조사 과정에서 진실이
드러나고 가려지리라는 것입니다.

20-22 또한 여러분은 예배를 드리러 와서도 서로 갈라진 채
있다고 하더군요. 한자리에 모여서 주님의 만찬을 나누기는
커녕, 오히려 밖에서 많은 음식을 가져와 돼지처럼 먹는다
고 하더군요. 그래서 어떤 사람은 따돌림을 당해 아무것도
먹지 못한 채 집으로 돌아가고, 어떤 사람은 걷지 못할 정도
로 술에 취해서 실려 가기까지 한다더군요. 믿을 수가 없습
니다! 여러분에게 먹고 마실 집이 없습니까? 여러분이 창피
한 줄도 모르고 하나님의 교회를 모독하다니, 어찌 된 일입
니까? 여러분이 하나님의 가난한 사람을 모욕하다니, 어찌
된 일입니까? 나는 여러분이 창피한 줄도 모른 채 그런 짓
을 하리라고는 믿고 싶지 않았습니다. 이제 나는 말없이 두
고 보지 않겠습니다.

23-26 주님의 만찬이 어떤 의미가 있고, 그것이 왜 그토록 중
요한지를 다시 한번 정확히 말씀드리겠습니다. 이 가르침은
내가 주님께 직접 받아 여러분에게 전한 것입니다. 주 예수
께서 배반당하시던 날 밤에, 빵을 들어 감사하신 후에, 떼어
주시며, 이렇게 말씀하셨습니다.

이것은 너희를 위해 찢는 내 몸이다.

이것을 행하여 나를 기억하여라.

저녁식사 후에, 잔을 들어 감사하시며, 이렇게 말씀하셨습니다.

이 잔은 나의 피, 너희와 맺는 새 언약이다.

너희는 이 잔을 마실 때마다 나를 기억하여라.

여러분은 이것을 알아야 합니다. 여러분이 이 빵을 먹고 이 잔을 마실 때마다, 여러분의 말과 행위로 주님의 죽으심을 재현하는 것입니다. 여러분은 주님이 다시 오실 때까지, 이 식사를 계속해서 되풀이해야 합니다. 익숙하다고 해서 주님의 만찬을 얕보아서는 안됩니다.

27-28 누구든지 불손한 마음으로 주님의 빵을 먹거나 주님의 잔을 마시는 사람은, 주님이 죽으실 때 그분께 야유를 보내고 침을 뱉은 군중과 같습니다. 여러분이 주님을 "기념하려고" 하는 것이 그런 것입니까? 여러분의 동기를 살피고 여러분의 마음을 점검한 뒤에, 거룩한 두려움으로 이 식사에 참여하십시오.

29-32 여러분이 주님의 찢어진 몸을 먹고 마신다는 사실에 주의하지 않으면, 여러분은 심각한 결과를 초래하고 말 것입니다. 그래서 여러분 가운데 지금도 무력한 사람과 아픈 사

람이 많고, 일찍 죽은 사람이 많은 것입니다. 지금이라도 우리가 이 일을 바로잡지 않으면, 나중에 주님께서 우리를 바로잡으실 것입니다. 지금 주님과 대면하는 것이, 나중에 불 가운데서 대면하는 것보다 낫습니다.

33-34 그러니 친구 여러분, 주님의 만찬에 모일 때는 예의를 갖춰 서로 정중히 대하십시오. 배가 너무 고파서 음식이 차려지기를 기다리지 못하겠거든, 집에 가서 요기를 하십시오. 그러나 무슨 일이 있어도 주님의 만찬을, 먹고 마시는 술판이나 집안싸움으로 변질시켜서는 안됩니다. 주님의 만찬은 영적인 식사, 곧 사랑의 향연입니다.

여러분이 질문한 다른 문제들은, 이 다음에 내가 방문해서 직접 대답하겠습니다.

성령께서 주시는 선물

12

1-3 이제 나는, 하나님의 영이 우리 삶 속에서 활동하시는 다양한 방식에 대해 이야기하려고 합니다. 이것은 복잡하고 종종 오해를 받기도 하는 문제지만, 나는 여러분이 반드시 제대로 알아 두기를 바랍니다. 하나님을 알지 못하던 때에 여러분이 어떠했는지 기억하십니까? 그때 여러분은 가짜 신에게서 또 다른 가짜 신에게로 끌려다녔습니다. 자신이 무엇을 하는지도 모른 채, 다른 사람이 하는 대로 그저 따랐을 뿐입니다. 이제부터 내가 말씀드리는 삶은 다릅니다. 하나님께서는 우리가 우리의 지성을

사용해서, 할 수 있는 한 제대로 이해하려고 애쓰기를 바라십니다. 예컨대, 여러분이 조금만 생각해 보면, 하나님의 영이 누군가로 하여금 "예수는 저주를 받아라!" 하고 말하게 하지 않는다는 것을 충분히 알 수 있습니다. 또한 성령이 주시는 통찰력 없이는 아무도 "예수는 주님이시다!" 하고 말할 수 없습니다.

4-11 하나님의 다양한 선물은 어디서나 받을 수 있지만, 그 선물은 모두 하나님의 영에서 비롯됩니다. 하나님이 맡겨 주신 다양한 사역도 어디서나 수행할 수 있지만, 그 사역 역시 하나님의 영에서 비롯됩니다. 하나님의 다양한 능력도 어디서나 펼쳐지지만, 그 모든 배후에 계신 분은 하나님이십니다. 누구나 할 일을 얻어, 하나님이 어떤 분이신지 알릴 수 있습니다. 누구나 그 일에 참여할 수 있고, 누구나 유익을 얻을 수 있습니다. 성령께서는 온갖 선물을 온갖 부류의 사람들에게 나눠 주십니다! 그 다양성이 놀랍습니다.

지혜로운 권면
명료한 이해력
단순한 신뢰
병자를 고치는 능력
기적
선포
영을 분별하는 능력

방언

방언 통역

이 모든 선물의 근원은 같습니다. 한분이신 하나님의 영이 하나씩 나눠 주시는 것들입니다. 누가 언제 무엇을 받게 될지는 그분께서 정하십니다.

12-13 다른 데서 더 찾을 것도 없이, 여러분 자신의 몸을 보면 이런 성령의 선물들이 어떻게 역사하는지 쉽게 알 수 있을 것입니다. 여러분의 몸은 여러 지체—팔과 다리, 여러 기관, 수많은 세포—로 이루어져 있습니다. 일일이 열거할 수 없을 만큼 많은 지체가 있지만, 여러분의 몸은 여전히 하나입니다. 그리스도께서도 그러하십니다. 한분이신 그분의 영으로 말미암아 우리 모두는 불완전하고 조각난 우리 삶에 작별을 고했습니다. 저마다 독립적으로 자기 삶을 책임지던 우리가, 이제는 그리스도께서 모든 일의 최종 결정권을 쥐고 계신 크고 온전한 삶에 참여하게 되었습니다. (이것은 우리가 세례 받을 때 말과 행위로 선언한 내용입니다.) 이제 우리 각 사람은 부활하신 그분 몸의 지체가 되어, 하나의 같은 샘—그분의 영—을 마시고 새 힘을 얻어 살아갑니다. 전에 우리가 신원을 확인하기 위해 사용하던 낡은 꼬리표들—유대인이나 그리스 사람, 종이나 자유인 같은 꼬리표들—이 더 이상 쓸모없게 되었습니다. 우리에게는 보다 크고 보다 포괄적인 것이 필요합니다.

14-18 이 모든 것이 여러분을 하찮은 존재가 아니라, 얼마나 중요한 존재로 만드는지 생각해 보시기 바랍니다. 한 지체가 부풀어 올라 거대한 덩어리가 된다고 해서 몸이 되는 것은 아닙니다. 다르면서도 비슷한 지체들이 가지런히 정돈되어 함께 기능하는 것이 몸입니다. 발이 "나는 반지로 치장한 손처럼 아름답지 못하니 이 몸에 속하지 않은 것 같아" 하고 말한다면, 그것이 말이 되겠습니까? 귀가 "나는 맑고 그윽한 눈처럼 아름답지 않으니 머리의 한 자리를 차지할 자격이 없어" 하고 말한다면, 여러분은 그것을 몸에서 떼어 내버리겠습니까? 온몸이 다 눈이라면, 어떻게 듣겠습니까? 온몸이 다 귀라면, 어떻게 냄새를 맡겠습니까? 그러나 하나님께서, 그분이 원하시는 곳에 각각의 지체를 세심하게 두셨다는 것을 우리는 압니다.

19-24 그러니 여러분이 아무리 중요한 인물이라고 해도, 여러분은 스스로 잘난 체해서는 안됩니다. 나는 여러분이 그 이유도 생각해 보았으면 합니다. 여러분이 그처럼 중요한 것은, 여러분이 몸의 한 지체이기 때문입니다. 눈만 엄청나게 크거나 손만 거인처럼 크다면, 그것은 몸이 아니라 괴물일 것입니다. 우리 몸은 여러 지체로 이루어진 한 몸입니다. 우리 몸의 각 지체는 알맞은 크기로 알맞은 자리에 있습니다. 어떤 지체도 자기 혼자서는 중요하지 않습니다. 눈이 손에게 "꺼져 버려. 나는 네가 필요치 않아" 하고 말하거나, 머리가 발에게 "너는 해고야. 네가 할 일은 없어" 하고 말하는

것을 상상할 수 있겠습니까? 사실, 우리 몸은 정반대의 방
식으로 움직입니다. 약한 지체일수록 더 필수적이고 요긴합
니다. 예를 들어, 우리는 한쪽 눈이 없어도 살 수 있지만 위
가 없으면 살 수 없습니다. 여러분과 관계된 여러분 몸의 지
체라면, 눈에 보이거나 가려져 있거나, 강하거나 약하거나
하는 것이 중요하지 않습니다. 여러분은 각각의 지체를 비
교하지 않고, 오히려 있는 그대로 존귀하고 소중하게 여길
것입니다. 굳이 편을 든다면, 강한 지체보다는 약한 지체에
더 관심을 기울일 것입니다. 윤기 나는 머리카락과 튼튼한
위장 중에서 하나를 택하라면, 여러분은 튼튼한 위장을 택
하지 않겠습니까?

25-26 하나님께서 우리 몸을 설계하신 방식이야말로, 우리가
교회를 이루어 함께 살아가는 삶을 이해하는 데 적합한 모형
입니다. 우리가 언급한 지체이든 그렇지 않은 지체이든, 눈
에 보이는 지체이든 그렇지 않은 지체이든 간에, 각각의 지체
는 저마다 다른 지체를 의지합니다. 한 지체가 아프면, 다른
모든 지체도 그 지체의 아픔과 치료에 동참합니다. 한 지체가
잘되면, 다른 모든 지체도 그 지체의 풍성함을 누립니다.

27-31 여러분은 그리스도의 몸입니다. 그것이 여러분의 참모
습입니다! 여러분은 이것을 잊어서는 안됩니다. 여러분 자
신을 그 몸의 지체로 인정할 때에야 비로소 여러분이 "지
체"인 것이 의미가 있습니다. 하나님께서 그분의 몸이신 교
회 안에 세우신 여러 지체 가운데, 여러분이 잘 아는 지체

는 다음과 같습니다.

> 사도
> 예언자
> 교사
> 기적을 행하는 사람
> 병을 고치는 사람
> 도와주는 사람
> 조직하는 사람
> 방언으로 기도하는 사람

이제 그리스도의 교회가 온전한 하나의 몸이라는 것이 분명하지 않습니까? 한 지체만 비정상적으로 커진 것은 그리스도의 교회가 아닙니다. 사도만 있는 교회, 예언자만 있는 교회, 기적을 행하는 사람만 있는 교회, 병 고치는 사람만 있는 교회, 방언으로 기도하는 사람만 있는 교회, 방언을 통역하는 사람만 있는 교회. 그런 교회는 그리스도의 교회가 아닙니다. 그런데도 여러분 가운데 몇몇 사람은 이른바 "중요한" 지체가 되겠다고 계속 경쟁하더군요.

그러나 나는 이제 여러분에게 훨씬 나은 길을 제시하려고 합니다.

사랑의 길

13

¹ 내가 사람의 유창한 말과 천사의 황홀한 말을 해도, 사랑하지 않으면, 나는 녹슨 문에서 나는 삐걱거리는 소리에 지나지 않습니다.

² 내가 하나님의 말씀을 힘차게 전하고, 그분의 모든 비밀을 드러내고, 모든 것을 대낮처럼 환히 밝혀도, 또 내가 산에게 "뛰어올라라" 명하면 산이 그대로 뛰어오를 만큼의 믿음을 지니고 있어도, 사랑하지 않으면, 나는 아무것도 아닙니다.

³⁻⁷ 내가 가진 모든 재산을 가난한 사람들에게 나누어 주고, 순교자처럼 불살라질 각오를 하더라도, 사랑하지 않으면, 아무 소용이 없습니다. 내가 무엇을 말하고 무엇을 믿고 무슨 일을 하든지, 사랑이 없으면, 나는 파산한 사람이나 다름 없습니다.

사랑은 절대로 포기하지 않습니다.
사랑은 자기보다 다른 사람에게 더 마음을 씁니다.
사랑은 자기가 갖지 못한 것을 바라지 않습니다.
사랑은 뽐내지 않으며
자만하지 않으며
다른 사람에게 자신을 강요하지 않으며
"내가 먼저야"라고 말하지 않으며
화내지 않으며
다른 사람의 죄를 꼬치꼬치 따지지 않으며

다른 사람이 비굴하게 굴 때 즐거워하지 않으며
진리가 꽃피는 것을 보고 기뻐하며
무슨 일이든지 참으며
하나님을 늘 신뢰하며
언제나 최선을 구하며
뒷걸음질하지 않으며
끝까지 견딥니다.

8-10 사랑은 절대로 사라지지 않습니다. 제아무리 영감 넘치는 말도 언젠가는 사라지고, 방언으로 기도하는 것도 그칠 것입니다. 이해력도 한계에 이르게 될 것입니다. 진리의 한 부분만 아는 우리가 하나님에 대해 말하는 것은 언제나 불완전합니다. 그러나 완전하신 그분이 오시면, 우리의 불완전한 것들을 없애 주실 것입니다.

11 내가 어머니의 품에 안긴 젖먹이였을 때에는 젖먹이처럼 옹알거렸지만, 다 자라서는 그러한 어린아이 짓을 영원히 버렸습니다.

12 우리는 아직 모든 것을 분명하게 보지 못합니다. 우리는 안개 한가운데서 눈을 가늘게 뜨고 그 속을 들여다봅니다. 그러나 머지않아 날이 맑게 개고, 태양이 환히 빛날 것입니다. 그때가 되면, 우리는 모든 것을 볼 것입니다. 하나님께서 우리를 보시는 것과 같이 모든 것을 또렷하게 보고, 하나님께서 우리를 아시는 것과 같이 그분을 직접 알게 될 것입니다!

¹³ 그러나 그 완전함에 이르기까지, 우리는 다음 세 가지를 행함으로 완성을 향해 나아가야 합니다. 하나님을 꾸준히 신뢰하십시오. 흔들림 없이 소망하십시오. 아낌없이 사랑하십시오. 이 세 가지 가운데 으뜸은 사랑입니다.

기도의 언어

14 ¹⁻³ 여러분의 생명이 사랑에 달려 있다는 듯이, 온 힘을 다해 사랑의 삶을 추구하십시오. 하나님께서 여러분에게 주시는 선물을 열심히 구하십시오. 무엇보다도 하나님의 진리를 힘써 선포하십시오. 여러분이 자기만 아는 방언으로 하나님을 찬양하면, 하나님은 알아들으시지만 다른 사람들은 알아듣지 못합니다. 여러분이 하나님과만 사귐을 갖고 있기 때문입니다. 그러나 여러분이 일상의 언어로 하나님의 진리를 선포하면, 여러분은 다른 사람들도 그 진리에 참여하도록 한 것입니다. 그러면 그들도 자라고 튼튼해져서, 여러분과 함께 그분의 임재를 경험하게 될 것입니다.

⁴⁻⁵ 자기만 아는 "기도의 언어"로 기도하는 사람은 거기서 많은 것을 얻겠지만, 하나님의 진리를 누구나 알아들을 수 있는 말로 선포하는 사람은 온 교회를 성숙시키고 튼튼하게 합니다. 나는 여러분 모두가 기도로 하나님과의 사귐을 발전시키기를 바랍니다. 하지만 거기서 멈추지는 마십시오. 다른 사람들을 찾아가서 하나님의 분명한 진리를 선포하십

시오. 여러분이 말하는 것을 모든 사람의 유익을 위해 통역해 주는 사람이 없다면, 비밀한 기도의 언어로 하나님의 임재를 경험하고 구하기보다는, 모든 사람이 알아들을 수 있는 언어로 하나님을 아는 지식과 그분의 사랑에 접근할 수 있게 하는 것이 더 중요합니다.

6-8 친구 여러분, 생각해 보십시오. 내가 여러분에게 가서 하나님만 알아들으실 수 있는 말로 그분께 비밀히 기도한다면, 여러분에게 무슨 유익이 있겠습니까? 내게 어떤 통찰이나 진리나 선포나 가르침이 있더라도 누구나 알아들을 수 있는 말로 전하지 않으면, 여러분에게 무슨 도움이 되겠습니까? 가령, 플루트나 하프 같은 악기들이 각각 독특한 음색으로 조화를 이루며 연주되지 않는다면, 우리가 어떻게 선율을 알아듣고 음악을 즐기겠습니까? 나팔소리가 다른 악기소리와 구분되지 않는다면, 어떻게 전투 개시를 알릴 수 있겠습니까?

9-12 여러분이 아무도 알아듣지 못하게 말한다면, 여러분의 입을 여는 것이 무슨 소용이 있겠습니까? 이 세상에는 수많은 언어가 있고, 그 언어들은 저마다 누군가에게 뜻을 가지고 있습니다. 그러나 내가 그 언어를 알아듣지 못하면, 그 언어는 내게 유익한 것이 아닙니다. 여러분의 경우도 다르지 않습니다. 여러분은 하나님이 하시는 일에는 열심히 참여하려고 하면서, 어찌하여 교회 안의 모든 이들에게 도움이 되는 일에는 주의를 기울이지 않는 것입니까?

13-17 자기만 아는 기도의 언어로 기도할 때는, 그 경험을 혼자서만 간직하지 마십시오. 다른 사람들을 그러한 사귐으로 이끄는 안목과 능력을 구하십시오. 내가 방언으로 기도하면, 내 영은 기도하겠지만 내 이성은 하릴없이 놀 것이고, 지성도 그만큼 약화될 것입니다. 그러면 무엇이 해결책이겠습니까? 답은 너무나 간단합니다. 둘 다 하십시오. 나라면 영적으로 자유롭고 풍성하게 기도하면서, 동시에 신중하고 주의 깊게 기도하겠습니다. 영으로도 찬양하고, 지성으로도 찬양하겠습니다. 여러분이 아무도 알아듣지 못하는 기도의 언어로 축복한다면, 교회에 갓 들어와 무슨 일인지 알지 못하는 사람은 언제 "아멘" 해야 할지 모를 것입니다. 여러분의 축복 기도는 더할 나위 없이 훌륭하겠지만, 여러분은 그 사람을 아주 무시한 것이나 다름없습니다.

18-19 나는 우리에게 방언 기도라는 선물을 주셔서 그분을 찬양하게 하신 하나님께 감사를 드립니다. 그로 인해 우리는 그분과 놀라운 사귐을 갖게 되었습니다. 나는 여러분 가운데 누구보다도 방언 기도를 많이 합니다. 그러나 나는 사람들이 예배하러 모인 교회 안에 있을 때는, 다른 사람들에게 횡설수설로 들릴 일만 마디 말을 하는 것보다, 누구나 알아듣고 배울 수 있는 다섯 마디 말을 하고 싶습니다.

20-25 아주 솔직히 말씀드리면, 나는 여러분이 어린아이처럼 생각하는 것에 화가 납니다. 얼마나 더 있어야 여러분이 자라서 어른스럽게 생각하겠습니까? 어린아이처럼 악에 대해

서는 잘 몰라도 괜찮습니다. 그런 경우에는 그저 "안돼" 하
고 말할 줄 알면 됩니다. 그러나 무언가에 대해 "예" 하고 말
하려면, 그 이상의 것이 필요합니다. 성숙하고 잘 훈련된 지
성만이 여러분이 속임수에 빠지지 않도록 지켜 줄 수 있습니
다. 하나님께서 성경에 이렇게 말씀하셨습니다.

내가 낯선 방언과
낯선 사람의 입술로
이 백성에게 전해도
그들은 귀 기울여 듣지도 않고 믿지도 않을 것이다.

그러니 아무도 알아듣지 못하는 방언으로 말하는 것이 무슨
소용이 있겠습니까? 그것은 믿는 사람들에게 도움이 되지
않고, 믿지 않는 사람들에게는 구경거리를 제공하여 그저
멍하니 바라보게 할 뿐입니다. 그러나 알아듣기 쉬운 말로
진리를 말하면, 믿는 이들의 마음에 곧바로 다가갈 뿐 아니
라 믿지 않는 이들에게도 거슬리지 않습니다. 여러분이 교
회에 모여 있고 믿지 않는 사람들도 들어와 있는데, 때마침
여러분이 알아들을 수 없는 방언으로 기도하고 있다면, 그
들이 듣다가 여러분이 미쳤다고 생각하고 서둘러 거기서 빠
져나가지 않겠습니까? 그러나 믿지 않는 사람들 몇 명이 우
연히 교회에 들어왔는데, 여러분이 하나님의 진리를 알아듣
기 쉽게 명확히 말하고 있다면, 그들이 여러분의 말을 듣다

가 진리를 접하고 자기 마음을 살피게 될 것입니다. 어느새 그들은 하나님 앞에 엎드려, 하나님께서 여러분 가운데 계심을 인정하게 될 것입니다.

26-33 나는 여러분이 이렇게 하면 좋겠습니다. 예배하러 모일 때는, 각자가 전체를 유익하게 할 만한 것을 준비하십시오. 찬송을 부르거나, 가르치거나, 이야기를 해주거나, 기도를 인도하거나, 영적으로 깨달은 것을 나누십시오. 방언으로 기도할 때는 두세 사람까지만 하되, 그것도 여러분의 말을 통역할 사람이 있을 때에만 하십시오. 통역할 사람이 없거든, 하나님과 여러분 사이에서만 하십시오. 모임에서는 두세 사람 정도만 말하고, 나머지는 귀 기울여 듣고 마음에 새기십시오. 한 사람이 독차지하지 말고 차례를 지켜 말하십시오. 그리고 말하는 사람은 각자 기회를 얻어 하나님으로부터 받은 특별한 것을 말하십시오. 그러면 여러분 모두가 서로에게서 배우게 될 것입니다. 말하기로 한 사람은 말하는 방식과 시간까지 책임지십시오. 우리가 바르게 예배하면, 하나님은 우리를 무질서에 빠뜨리지 않으십니다. 하나님은 우리를 조화로 이끄십니다. 이것은 모든 교회에 예외 없이 해당하는 사항입니다.

34-36 아내들은 귀 기울여 들어야 할 시간에 이야기하거나, 집에서 남편에게 물어봐도 될 질문을 던지면서 예배를 혼란스럽게 해서는 안됩니다. 예배 시간에 지켜야 할 예절과 관습은 하나님의 율법이 적혀 있는 성경책이 지도해 줄 것입

니다. 아내들은 예배 시간을 이용해 자기가 하고 싶은 말을
하려고 해서는 안됩니다. 여러분—여자든 남자든—은 자
신이 옳고 그름을 판단하는 거룩한 예언자라도 된다고 생각
하는 것입니까? 모든 것이 여러분을 중심으로 움직인다고
생각하십니까?

37-38 여러분 가운데 어떤 사람이 하나님께로부터 할 말을 받
았거나 할 일을 받았다고 생각한다면, 내가 쓴 이 글을 유의
해서 보십시오. 이것이 주님이 바라시는 방식입니다. 여러
분이 이 규칙들을 따르지 않겠다면, 미안한 말이지만, 하나
님께서도 여러분을 쓰시지 않을 것입니다.

39-40 요약해서 세 가지를 말씀드립니다. 하나님의 진리를 전
할 때는 진심으로 하십시오. 여러분이 알아듣지 못하는 방언
으로 사람들이 기도한다고 해서, 그들에게 가타부타 말하지
마십시오. 무슨 일을 하든지 예의 바르고 사려 깊게 하십시오.

부활

15 1-2 친구 여러분, 여러분과 함께 마지막으로 **메시
지**를 점검해 보겠습니다. 이 메시지는 내가 선포
하고 여러분이 자기 것으로 삼은 것입니다. 여러분은 이 **메
시지** 위에 서 있고, 이 **메시지**로 인해 여러분의 삶은 구원을
받았습니다. (나는 여러분의 믿음이 일시적인 것이 아니라 진실
한 것이며, 여러분이 영원토록 이 믿음 안에 있으면서 이 믿음을
굳게 붙잡으리라고 생각합니다.)

³⁻⁹ 내가 가장 먼저 한 일은, 내 앞에 아주 강력하게 제시된 다음 사실을 여러분 앞에 제시하는 것이었습니다. 성경에 기록된 대로, 메시아께서 우리 죄를 위해 죽으시고 무덤에 묻히시고 사흘째 되는 날에 다시 살아나셔서, 베드로에게 생생히 나타나시고, 가장 가까운 제자들에게 나타나셨습니다. 그 후에 그분께서는 한번에 오백 명이 넘는 제자들에게 나타나셨는데, 그들 가운데 몇 사람은 세상을 떠났지만, 대부분은 지금도 우리 곁에 살아 있습니다. 또한 그분께서 자기를 대변하도록 세우신 야고보와 나머지 사도들에게 나타나셨습니다. 그러고는 마지막으로, 나에게도 생생히 나타나셨습니다. 내가 맨 나중이 된 것은 합당한 일이었습니다. 여러분도 알다시피, 나는 사도들의 반열에 포함될 자격이 없는 사람입니다. 내가 하나님의 교회를 없애 버리는 일에 혈안이 되어 젊은 시절 대부분을 허비했기 때문입니다.

¹⁰⁻¹¹ 그러나 하나님께서는 너무나 은혜로우시고 한없이 너그러우셨습니다. 그래서 오늘의 내가 있게 된 것입니다. 나는 그분의 은혜를 헛되게 하지 않을 것입니다. 내가 다른 어느 누구보다 더 많은 일을 하려고 애쓰지 않았습니까? 그렇다고 해도 내가 한 일은 그리 대단한 것이 아니었습니다. 하나님께서 내게 할 일을 주시고 감당할 힘도 주셨기에, 내가 할 수 있었던 것입니다. 그러므로 여러분이 내게서 **메시지**를 들었든 다른 사람들에게서 들었든 간에, 그것은 같은 **메시지**입니다. 나나 그들이나 하나님의 진리를 전했고, 여러

분은 여러분의 삶을 맡겼습니다.

12-15 이제 나는 여러분에게 의미심장하면서도 어려운 질문을 던지려고 합니다. 여러분은 우리가 선포한 사실―그리스도께서 죽은 자들 가운데서 다시 살아나셨다는 사실―을 믿어서 신자가 된 것인데, 사람들이 부활 같은 것은 없다고 말하도록 내버려 두다니 어찌 된 일입니까? 부활이 없다면, 그리스도께서 살아나는 일도 없었을 것입니다. 그리스도의 부활이 없다면, 우리가 여러분에게 전한 모든 것은 교묘한 속임수가 되고, 여러분이 목숨을 걸고 붙잡은 모든 것도 교묘한 속임수가 되고 말 것입니다. 뿐만 아니라, 부활이 없다면, 우리는 하나님에 대해 **뻔뻔한** 거짓말을 늘어놓는 죄를 범한 셈이 되고, 하나님께서 그리스도를 다시 살리셨다고 증언한 우리의 진술도 순전히 거짓말이 되고 말 것입니다.

16-20 죽은 자들이 다시 살아나는 일이 없다면, 그리스도께서 다시 살아나는 일도 없었을 것입니다. 그분은 실제로 죽으셨기 때문입니다. 그리고 그리스도께서 다시 살아나지 않으셨다면, 여러분은 지금도 예전처럼 어둠 속에서 길을 잃고 헤매고 있을 것입니다. 그것은 그리스도와 부활을 신뢰하며 죽은 이들에게 훨씬 불행한 일이 되었을 것입니다. 그들은 이미 무덤 속에 누워 있으니 말입니다. 우리가 그리스도에게서 얻는 것이 이 땅에서 잠시 사는 동안 누리는 작은 감동이 전부라면, 우리야말로 정말 가엾은 사람들일 것입니다. 그러나 진실은 이렇습니다. 그리스도께서 다시 살아나셔서, 장차 무

덤을 떠날 수많은 사람들의 첫 유산이 되신 것입니다.

²¹⁻²⁸ 이것과 관련해 적절한 예를 들어 보겠습니다. 처음에 죽음이 한 사람을 통해서 왔고, 부활도 한 사람을 통해서 왔습니다. 아담 안에서 모든 사람이 죽은 것과 같이, 그리스도 안에서 모든 사람이 살아납니다. 그러나 우리는 순서를 기다려야 합니다. 그리스도가 먼저이고, 그 다음은 그리스도께서 다시 오시는 때에 그분과 함께하는 사람들입니다. 그리스도께서 다시 오시는 때는 장중한 완성의 때일 텐데, 그때가 되면 그리스도께서 반대 세력을 부서뜨리고 그의 나라를 하나님 아버지께 넘겨드릴 것입니다. 그분께서는 마지막 원수가 쓰러질 때까지 멈추지 않으실 것입니다. 그 마지막 원수는 다름 아닌 죽음입니다! 시편 기자는 "하나님께서 그들 모두를 낮추시고, 하나님께서 그들 모두를 짓밟으셨다"고 말했습니다. "하나님께서 그들 모두를 짓밟으셨다"고 말할 때, 모든 것을 짓밟으신 분께서 동시에 짓밟힐 수 없다는 것은 자명한 이치입니다. 하나님께서 마침내 만물과 모든 이들을 다스리실 때, 그 아들도 모든 이들의 자리로 내려가 그들과 함께 서서 하나님의 통치가 미치지 않는 곳이 없음을 증명해 보이실 것입니다. 완벽한 결말이 아닐 수 없습니다!

²⁹ 사람들이 죽은 자들을 위해 세례를 받는 이유가 무엇이라고 생각합니까? 죽은 자들의 부활이 없고 하나님의 능력이 무덤 입구에서 그치고 만다면, 그분께서 무덤을 깨끗이 정리하시고 모든 이들을 끌어올려 일어서게 하실 것을 암시하

는 행위를 우리가 무엇 때문에 계속한다는 말입니까?

30-33 내가 이토록 위험한 일에 목숨을 거는 이유가 무엇이겠습니까? 나는 살면서 하루도 빠짐없이 죽음과 직면합니다. 여러분은 내가 부활하신 메시아 예수께서 보증해 주신 여러분의 부활과 나의 부활에 대한 확신도 없이 이 일을 하고 있다고 생각합니까? 여러분은 내가 에베소에서 나의 최후가 되지 않기를 바라면서 사나운 짐승들과 싸울 때, 그것이 단지 영웅처럼 행동하려고 한 것에 불과하다고 생각합니까? 결코 그렇지 않습니다! 내가 행하고 말하는 것, 내가 사는 방식을 뒷받침하는 것은 부활, 부활, 언제나 부활입니다. 부활이 없다면, 우리는 "내일이면 죽을 테니 먹고 마시자"고 할 것입니다. 그리고 그것이 전부일 것입니다. 그러나 속지 마십시오. 부활을 반대하는 잡담에 물들지 마십시오. "나쁜 친구가 좋은 행실을 망칩니다."

34 똑바로 생각하십시오. 깨어나 거룩한 삶을 사십시오. 더이상 부활의 사실에 대해 오락가락하지 마십시오. 지금 같은 시대에 하나님을 알지 못하는 것은 여러분이 부릴 사치가 아닙니다. 이러한 일을 오래도록 방치하다니, 여러분은 창피하지도 않습니까?

35-38 어떤 회의론자는 꼭 이런 질문을 던집니다. '부활이 어떻게 일어나는지 보여주시오. 도표로 보여주고, 그림으로 보여주시오. 도대체 부활한 몸은 어떻게 생겼습니까?' 자세히 살펴보면, 이 질문이 얼마나 어리석은 것인지 알 수 있습

니다. 이런 일은 도표로 나타낼 수 없습니다. 우리는 이와 유사한 경험을 정원 일에서 찾아볼 수 있습니다. "죽은 것 같은" 씨를 심었는데, 이내 식물이 무성하게 자랍니다. 눈으로 볼 때 씨앗과 식물은 비슷한 점이 없습니다. 여러분은 토마토 씨를 보고 토마토가 어떻게 생겼을지 헤아릴 수 없습니다. 우리가 흙 속에 심은 것과 거기서 움튼 것은 똑같아 보이지 않습니다. 우리가 땅에 묻는 죽은 몸과 그 몸에서 비롯되는 부활한 몸도 전혀 다른 모습일 것입니다.

39-41 몸의 종류도 놀랄 만큼 다양하다는 것에 주목해 보십시오. 씨앗의 종류가 여러 가지이듯이, 몸의 종류도 여러 가지입니다. 사람의 몸도 있고, 동물의 몸도 있고, 새의 몸도 있고, 물고기의 몸도 있습니다. 저마다 독특한 형태의 몸을 가지고 있습니다. 땅에 있는 다양한 몸뿐만 아니라, 하늘에 있는 해와 달과 별들과 같은 다양한 천체들도 그 아름다움과 밝기가 각기 다르고 다양합니다. 그것을 보는 것만으로도 부활의 영광이 얼마나 다양한지를 어렴풋하게나마 알 수 있습니다. 우리는 부활 이전의 "씨"를 보고 있을 따름입니다. 그러니 부활이라는 "식물"이 어떤 모습일지 누가 상상할 수 있겠습니까?

42-44 죽은 것 같은 씨를 심었는데, 살아 있는 식물을 거둡니다. 이 이미지는 기껏해야 밑그림 정도에 불과하지만, 부활한 몸의 비밀에 접근하는 데 도움이 될 것입니다. 다만, 다시 살아나면 영원히 살아나 영원히 살게 된다는 것을 마음

에 새겨야 합니다! 죽어서 묻힌 몸은 아름답지 않지만, 다시 살아난 몸은 영광스럽습니다. 약한 것을 심었는데, 강한 것이 싹틉니다. 뿌린 씨는 자연의 것인데, 거기서 자란 것은 자연 너머의 것입니다. 씨도 같은 씨이고 몸도 같은 몸이지만, 그것이 육체로 죽어 묻힐 때와 영원한 영의 생명으로 다시 살아날 때, 그 차이는 실로 엄청납니다!

45-49 성경에서 이 순서를 따라가 보겠습니다. 첫 번째 아담은 생명을 얻었고, 마지막 아담은 생명을 주는 영이 되었습니다. 육체의 생명이 먼저 오고, 영적인 생명은 그 다음에 옵니다. 기초는 흙으로부터 단단히 빚어졌지만, 최종 완성은 하늘로부터 옵니다. 첫 번째 사람이 흙에서 난 이래로, 사람들은 땅에 속한 사람이 되었습니다. 두 번째 사람은 하늘에서 났고, 사람들은 이제 하늘에 속한 사람이 될 수 있습니다. 이제껏 우리는 땅에 뿌리를 두고 살아 왔지만, 이제는 하늘에 속하는 것을 목표로 삼아야 합니다.

50 친구 여러분, 내가 강조하고 싶은 것은 이것입니다. 땅에 속한 우리의 삶은 그 본성상 우리를 하나님 나라로 인도해 주지 못합니다. 그 삶의 "자연스런 본성"은 죽음입니다. 그러니 그 삶이 어떻게 마지막에 가서 "자연스럽게" 생명의 나라에 들어갈 수 있겠습니까?

51-57 그러나 나는 여러분에게 나도 다 이해하지 못하는 놀라운 비밀을 알려 드리겠습니다. 우리는 모두 죽지 않고 변화될 것입니다. 여러분이 모든 소리를 잠재울 나팔소리를 들

고 위를 쳐다보며 눈을 깜박이는 순간, 그 일은 끝날 것입니다. 나팔 신호가 하늘로부터 울리면, 죽은 자들이 무덤을 박차고 일어나서 죽음의 힘이 미치지 못하는 곳, 다시는 죽을 일이 없는 곳에 이르게 될 것입니다. 그와 동시에, 우리도 그들과 똑같은 방식으로 모두 변화될 것입니다. 부활 계획표에는 다음과 같은 일이 일어나도록 되어 있습니다. 모든 썩을 것이 썩지 않을 것으로 바뀌고, 죽을 수밖에 없는 것이 죽지 않을 것으로 바뀔 것입니다. 그때가 되면, 다음의 말씀이 이루어질 것입니다.

생명이 죽음을 삼키고 승리를 거두었다!
오 죽음아, 누가 최종 결정권을 쥐었느냐?
오 죽음아, 이제 누가 너를 두려워하겠느냐?

죄가 죽음을 두려운 존재로 만들었고, 율법의 죄책이 죄에게 권세와 파괴력을 주었습니다. 그러나 생명이신 분의 단 한 번의 승리로, 그 세 가지—죄와 죄책과 죽음—가 모두 사라지게 되었습니다. 이 모두가 우리 주 예수 그리스도의 선물입니다. 그러니 하나님께 감사드리십시오.

58 사랑하는 친구 여러분, 우리를 위해 이루어진 이 모든 일을 기억하고, 굳게 서서 흔들리지 마십시오. 주저하지 마십시오. 여러분이 주님을 위해 하는 일이 시간 낭비나 헛수고가 아님을 확신하여, 주님의 일에 매진하십시오.

여러분을 보러 가겠습니다

16

¹⁻⁴ 여러분이 가난한 그리스도인들을 위해 모으고 있는 구제 헌금과 관련해서, 나는 갈라디아에 있는 여러 교회에 내린 것과 똑같은 지시를 여러분에게도 내립니다. 여러분 각자 일요일마다 헌금하고, 그것을 잘 보관하십시오. 할 수 있는 한 후하게 하십시오. 그러면 내가 그리로 갈 때 여러분은 모든 준비를 마쳐서, 내가 따로 부탁하지 않아도 될 것입니다. 내가 가면, 여러분이 대표로 세운 사람들에게 편지를 써 주어 권한을 부여하고, 그들을 예루살렘으로 보내어 여러분의 선물을 전하도록 하겠습니다. 내가 함께 가는 것이 최선이라고 생각하면, 기꺼운 마음으로 그들과 함께 가겠습니다.

⁵⁻⁹ 나는 그리스 북부 지역을 거쳐 여러분에게 갈 작정입니다. 오래 머물 계획은 아니지만, 한동안 여러분과 함께 지내며 겨울을 나게 될지도 모르는데, 그래도 되겠습니까? 그런 다음에 여러분은 다음 행선지로 나를 보내 주면 됩니다. 나는 다른 주요 행선지로 가는 도중에 여러분에게 잠깐 들르려는 것이 아닙니다. 나는 얼마 동안 편안한 마음으로 머물고 싶습니다. 주님께서 허락하시면, 우리는 그 시간을 갖게 될 것입니다! 지금 나는 이곳 에베소에 머무르고 있습니다. 선한 일을 할 수 있는 큰 문이 이곳에 활짝 열렸으니까요. (물론 저항도 만만치 않습니다.)

¹⁰⁻¹¹ 디모데가 그리로 가거든, 잘 보살펴 주십시오. 그가 여러

분 가운데서 마음 편히 지낼 수 있게 해주십시오. 그도 나처럼 주님을 위해 열심히 일하는 사람입니다. 그를 얕보는 사람이 없게 하십시오. 그리고 얼마 후에, 여러분의 축복과 함께 그를 내게 보내 주십시오. 내가 그를 기다리고 있다고 전해 주십시오. 그와 함께하던 벗들도 그를 기다리고 있습니다.

¹² 우리의 벗 아볼로에 관해서 말씀드리면, 나는 그가 여러분을 방문할 수 있게 하려고 최선을 다했습니다. 그러나 아직 그를 설득하지 못했습니다. 지금은 적절한 때가 아니라고 생각하는 것 같습니다. 그러나 적절한 때가 올 것입니다.

¹³⁻¹⁴ 깨어 있으십시오. 여러분의 믿음을 굳게 붙잡으십시오. 전력을 다하십시오. 확고해지십시오. 쉬지 말고 사랑하십시오.

¹⁵⁻¹⁶ 친구 여러분, 나의 부탁을 들어주기 바랍니다. 스데바나 가족에게 특별한 관심을 기울여 주십시오. 여러분도 알다시피, 그들은 그리스에서 얻은 첫 번째 회심자들입니다. 회심 이후로 그들은 그리스도인들을 섬기는 일에 헌신해 왔습니다. 나는 여러분이 이런 사람들을 존중하고 존경하기를 바랍니다. 그들은 바람직한 일이 무엇이며, 그 일을 어떻게 해야 하는지를 보여주는 동료요 일꾼입니다.

¹⁷⁻¹⁸ 나는 스데바나와 브드나도와 아가이고가 나와 함께 있게 되어 얼마나 기쁜지 모릅니다. 그들이 내가 여러분과 함께하지 못해 아쉬워하는 마음을 어느 정도 채워 주고 있습니다! 그들이 여러분과 나 사이에 소식을 전해 주어 내 기운을 북돋아 주었습니다. 이런 사람들이 여러분 가운데 있음

을 자랑으로 여기십시오.

¹⁹ 이곳 서아시아에 있는 교회들이 여러분에게 안부를 전합
니다.

아굴라와 브리스길라, 그리고 그들의 집에 모이는 교회가
안부를 전합니다.

²⁰ 이곳에 있는 모든 벗들이 안부를 전합니다.

거룩한 포옹으로 주위에 안부를 전해 주십시오.

²¹ 나 바울이 친필로 안부를 전합니다.

²² 누구든지 주님을 사랑하지 않는 사람이 있으면, 그를 내
쫓으십시오. 주님을 위한 자리를 마련해 두십시오.

²³ 우리 주 예수께서 여러분에게 두 팔을 활짝 벌리고 계십
니다.

²⁴ 나는 메시아이신 예수 안에서 여러분 모두를 사랑합니다.

고린도후서 | 머리말

고린도 교회의 그리스도인들은 그 교회의 설립자인 바울에
게 골치 아픈 문제를 안겨 주었다. 그 문제는 바울이 설립한
다른 모든 교회가 안겨 준 것보다 훨씬 심각한 문제였다. 바
울이 고린도 교회에서 발생한 한 가지 문제를 바로잡자마
자, 곧바로 세 가지 문제가 더 발생했다.

교인이 되면 가장 훌륭한 사람들과 만나서 평탄한 관계와
사귐을 가질 수 있을 것이라고 순진하게 추측하는 사람들이
있다. 그런 사람들은 바울의 고린도 서신을 읽음으로써 이
미 처방된 치료법을 접하게 될 것이다. 고린도 사람들은 서
로에게는 물론이고 바울에게도 엄청난 골칫거리였지만, 우
리에게는 축복의 상징이기도 하다. 그들이야말로 바울의 가
장 심오하고 힘찬 저작 가운데 일부를 촉발시킨 장본인들이
기 때문이다.

바울이 고린도에 있는 그리스도인들에게 두 번째 편지를
보낼 수밖에 없었던 것은, 그들이 바울의 지도력을 공격했
기 때문이다. 첫 번째 편지에서, 바울은 가장 자상하고 호의
적으로 말하면서도 에둘러 말하지 않았다. 첫 번째 편지는

하나님의 구원이 어떻게 이루어지고, 그 결과로 어떤 공동
체가 생겨나는지를 잘 아는 한 목회자가 확신에 찬 권위를
가지고 쓴 글이다. 바울이 그들에게 써 보낸 글 가운데 적어
도 일부는 듣기 민망하고 받아들이기 거북한 내용이었다.

그래서 그들이 바울의 지도력에 반기를 든 것이다. 그들
은 바울이 변덕스럽다고 비난하고, 그의 동기를 공격하고,
그의 자격을 의심했다. 바울이 써 보낸 글을 가지고 논쟁하
는 것이 아니라, 자신들에게 이래라저래라 하는 그의 권한
을 인정하지 않았던 것이다.

그래서 바울은 자신의 지도력을 변호할 수밖에 없었다.

여러분은 명백한 것을 보고 또 보지만, 나무는 보면서 숲
은 보지 못하고 있습니다. 여러분은 그리스도 편에 서 있
는 사람의 분명한 본보기를 구하면서, 어찌하여 그리도
성급하게 나를 제쳐 놓습니까? 나는 내가 그리스도와 함
께 서 있다고 확신합니다. 그러니 나를 믿어 주십시오. 여
러분은 그리스도께서 나에게 주신 권위를 내가 과장해서
말한다고 생각할지 모르겠으나, 나는 내 말을 철회할 생
각이 없습니다. 내가 몸을 던져 수고한 것 하나하나는 여
러분을 넘어뜨리려는 것이 아니라, 여러분을 일으켜 세우
려는 것이기 때문입니다(고후 10:7-8).

그는 첫 번째 편지에서 다루지 못한 몇 가지 지엽적인 문

제를 다루고 나서 도전에 맞섰다. 그러면서 믿는 이들의 공동체 안에서 지도력이 갖는 진정한 본질을 면밀히 파헤쳤다. 예컨대, 바울은 고린도 사람들과 "동역자"가 되어 그들과 "함께 힘을 모아 일하면서, 기쁜 마음으로" 그들을 바라보기를 원했다(고후 1:24). 그리고 그는 "하나님을 진심으로 기쁘시게 해드리는 것이 핵심"이라는 것을 알았다(고후 5:9).

지도력은 권한의 행사일 수밖에 없다. 그런 까닭에 지도력은 쉽게 힘을 행사하는 것이 되고 만다. 그러나 힘을 행사하는 순간, 지도력은 지도자와 지도를 받는 사람 모두에게 손해를 입히게 마련이다. 바울은 예수를 배워 가면서, 다른 사람들에게 방해가 되지 않으려 애쓰고, 그들이 자기를 통하지 않고 하나님을 직접 상대할 수 있게 하는 지도력을 익혔다. 그는 자신을 대사로 생각했다.

우리는 그리스도의 대사입니다. 하나님께서는 우리를 쓰셔서, 다툼을 버리고 서로의 관계를 바로잡으시는 하나님의 일에 참여하라고 사람들을 설득하게 하십니다. 이제 우리는 그리스도를 대신해 말씀드립니다. 하나님께서 이미 여러분과 친구가 되셨으니, 여러분도 하나님과 친구가 되십시오(고후 5:20).

부모이든 지도자이든 목사이든 공동체의 장이든 교사이

든 관리자이든 어떤 입장에 있든 간에, 지도력을 행사하도
록 부름받은 이들은 이 편지를 쓴 바울과 이 편지를 촉발시
킨 고린도 교회 교인들에게 감사할 수밖에 없을 것이다.

고린도후서

1 ¹⁻² 나 바울은, 하나님께서 친히 계획하신 특별한 임무를 띠고 메시아이신 예수에게서 보내심을 받았습니다. 나는 고린도에 있는 하나님의 교회와 아가야의 모든 믿는 이들에게 이 편지를 씁니다. 우리 아버지와 주 예수 그리스도께서 주시는 온갖 선물과 은혜가 여러분의 것이 되기를 바랍니다! 여러분이 알고 신뢰하는 디모데도 나와 함께 문안합니다.

우리를 건지시는 하나님

³⁻⁵ 우리 주님이며 메시아이신 예수의 하나님 아버지께 모든 찬양을 드립시다! 모든 자비를 베풀어 주시는 아버지! 모든 위로의 하나님! 그분은 우리가 힘든 시기를 겪을 때 우리 곁

에 오시는 분입니다. 또한 그분은 우리가 알아차리기도 전에, 힘든 시기를 겪고 있는 다른 사람 곁으로 우리를 데려가셔서, 그분께서 우리를 위로해 주셨듯이 우리도 그 사람을 위로하도록 힘 주시는 분입니다. 우리가 메시아를 따르다 보면 힘겨운 시기를 많이 겪게 마련이지만, 그분께서 주시는 치유와 위로의 복된 시기에 비하면 그 시기는 아무것도 아닙니다. 우리 역시 그러한 위로를 넘치게 받고 있습니다.

6-7 우리가 예수를 위해 고난을 겪는 것은, 여러분의 치유와 구원을 위한 것입니다. 우리가 잘 대접받고 도움의 손길과 격려의 말을 받는 것도, 여러분의 유익을 위한 것입니다. 그것은 여러분을 격려하여 움츠러들지 않고 앞만 보고 나아가도록 하려는 것입니다. 여러분의 힘든 시기는 우리의 힘든 시기이기도 합니다. 여러분이 복된 시기를 누릴 때와 마찬가지로 힘겨운 시기를 견뎌 내는 모습을 보면서, 우리는 여러분이 잘 해낼 것을 조금도 의심하지 않습니다.

8-11 친구 여러분, 아시아에서 우리에게 이 모든 일이 닥쳤을 때, 얼마나 힘겨운 시기였는지 여러분이 알아주면 좋겠습니다. 그 시기는 우리가 헤쳐 나가리라고 생각지도 못할 만큼 극심했습니다. 그 시기가 계속되는 동안, 우리는 사형수가 된 것 같았고 모든 것이 끝난 줄 알았습니다. 그러나 나중에 안 일이지만, 그 일은 무엇보다도 좋은 결과를 가져다주었습니다. 왜냐하면 우리는 우리 자신의 힘이나 지식에 의지해 거기에서 벗어나려 하지 않고, 하나님을 전적으로 신뢰

할 수밖에 없었기 때문입니다. 그것은 틀린 생각이 아니었
습니다. 그분께서는 죽은 자들을 다시 살리시는 하나님이시
니까요! 그분께서는 그렇게 해주셨습니다. 피할 수 없는 죽
음에서 우리를 건져 주셨습니다. 하나님께서는 또다시 그렇
게 해주실 것입니다. 우리가 구원을 필요로 할 때면 언제든
지 우리를 건져 주실 것입니다. 여러분과 여러분의 기도는
그 구조 작업의 일부입니다. 나는 여러분이 그 점에 관해서
도 알고 있기를 바랍니다. 나는 우리를 건져 주신 하나님께
찬양을 올려 드리는 여러분의 얼굴을 지금도 볼 수 있습니
다. 여러분의 기도가 우리를 구하는 데 그토록 결정적인 역
할을 한 것입니다.

12-14 최악의 상황이 지나간 지금, 우리는 양심과 신앙을 더
럽히지 않고 이 상황에서 벗어나게 된 것을 전할 수 있게 되
어 무척 기쁩니다. 또한 다시 세상을 대할 수 있게 되어 기쁘
기 그지없습니다. 더 중요한 것은, 우리가 고개를 들고 떳떳
하게 여러분을 대할 수 있게 되었다는 것입니다. 그러나 그
것은 우리의 대단한 능력으로 된 것이 아닙니다. 하나님께서
우리가 무엇에도 굽히지 않고 그분께만 초점을 맞추게 해주
셨기에 가능한 일이었습니다. 이 편지에서 행간을 읽으려 하
거나 숨은 의도를 찾으려고 하지 마십시오. 우리는 여러분이
이미 세세한 부분을 본 것같이 전체 그림도 알아보기를 바라
면서, 이해하기 쉽고 꾸밈없는 진리를 쓰고 있습니다. 우리
주 예수 앞에 함께 서게 될 때, 여러분이 우리의 자랑거리이

듯이, 우리도 여러분의 자랑거리가 되기를 바랍니다.

15-16 처음에 나는 여러분의 환대를 확신했기에, 여러분을 두 차례 방문하기로 계획했습니다. 마케도니아로 가는 도중에 여러분에게 들렀다가 돌아오는 길에 다시 들를 작정이었습니다. 그러면 나는 여러분의 환송을 받고 유대로 떠나갈 수 있었을 테니까요. 원래 계획은 그랬습니다.

17-19 그러나 일이 계획대로 되지 않았습니다. 그래서 여러분은 내가 약속을 쉽게 뒤집는다고 생각하며 비난하는 것입니까? 여러분은 내가 한 입으로 두 말을 하면서, 어떤 때는 쉽게 "예" 하고 다른 때는 쉽게 "아니요" 한다고 생각하십니까? 그렇다면, 여러분이 틀린 것입니다. 하나님께서 자신의 말씀에 신실하시듯이, 나도 나의 말에 신실하려고 애쓰는 사람입니다. 우리가 여러분에게 전한 말씀은 경솔하게 "예" 하고 말했다가 가차 없이 "아니요" 하고 취소할 수 있는 말이 아닙니다. 어찌 그럴 수 있겠습니까? 실라와 디모데와 내가 여러분에게 하나님의 아들을 선포했을 때, 여러분은 그것을 "예"도 되고 "아니요"도 되는, 일관성 없는 모호한 것으로 이해했습니까? 우리가 선포한 것은 순수하고 확고한 "예"가 아니었습니까?

20-22 무엇이든지 하나님께서 약속하신 것에는 예수의 "예"가 찍혀 있습니다. 그분 안에서 우리가 전하고 기도하는 것도 그러합니다. 우리가 전하고 기도하는 것에는 위대한 "아멘", 하나님의 "예"와 우리의 "예"가 아주 또렷하게 찍혀 있

습니다. 하나님은 우리를 지지하시고, 그리스도 안에서 우리를 믿을 수 있는 사람으로 만드시며, 우리 안에 그분의 "예"를 새겨 넣으시는 분입니다. 그분은 자기 영으로 우리에게 영원한 언약을 찍어 주셨습니다. 그분이 완성하고자 하시는 일을 확실하게 시작하신 것입니다.

²³ 내가 고린도에 있는 여러분에게 찾아가지 않은 진짜 이유를 들을 준비가 되었습니까? 하나님을 나의 증인으로 모시고 말하는데, 내가 가지 않은 것은 여러분의 아픔을 덜어 주기 위해서였습니다. 여러분에게 무관심해서도 아니고, 여러분을 조종하려고 그런 것도 아니었습니다. 나는 여러분을 배려했을 따름입니다.

²⁴ 우리는 여러분이 믿음생활을 어떻게 하고 있는지 감독하는 사람, 의혹을 품고 어깨 너머로 여러분을 보며 흠을 잡는 사람이 아닙니다. 우리는 여러분과 함께 힘을 모아 일하면서, 기쁜 마음으로 여러분을 바라보는 동역자입니다. 나는 여러분이 우리의 믿음이 아니라, 여러분 자신의 믿음으로 서 있다는 것을 압니다.

2 ¹⁻² 그래서 나는, 여러분과 나에게 아픔을 줄 수 있는 또 다른 방문을 자제하기로 결심한 것입니다. 내가 그저 얼굴을 내밀기만 해도 여러분이 난처하고 괴로운 입장에 처하게 될 텐데, 여러분이 어찌 나를 위로하고 나의 기운

을 북돋아 주겠습니까?

3-4 그래서 나는 가지 않고 편지를 써 보냈습니다. 나를 기쁘게 해주리라 여겼던 벗들을 낙담시키면서 괴로운 시간을 보내고 싶지 않았기 때문입니다. 그 편지는 내게 최선인 것이 여러분에게도 최선일 것이라고 확신하고 써 보낸 것입니다. 결과적으로, 그 편지를 쓰는 것은 몹시 괴로운 일이었습니다. 그 편지는 양피지에 잉크로 쓴 것이 아니라, 눈물로 쓴 것입니다. 그러나 나는 여러분에게 고통을 주려고 그 편지를 쓴 것이 아닙니다. 그 편지는 내가 여러분을 얼마나 아끼는지—오, 아끼는 것 이상입니다—내가 여러분을 얼마나 사랑하는지, 여러분이 알아주기를 바라면서 쓴 것입니다!

5-8 여러분의 교회 안에 이 모든 일을 일으킨 장본인, 곧 이 모든 고통을 안겨 준 문제의 인물을 두고 말씀드립니다. 이 일로 상처를 입은 사람은 나 한 사람만 아니라, 몇몇 사람을 제외한 여러분 모두라는 사실을 알아 두기 바랍니다. 그래서 나는 심하게 책망하지 않으렵니다. 여러분 대다수가 동의하여 그 사람에게 벌을 내렸다니, 그것으로 충분합니다. 이제는 그 사람을 용서하여 스스로 일어서도록 도울 때입니다. 여러분이 그의 죄를 비난하기만 한다면, 그는 죄의식 속에서 숨이 막혀 죽을 것입니다. 그러나 나는 사랑을 쏟아부을 것을 권고합니다.

9-11 내 편지의 초점은 그 사람을 처벌하는 데 있지 않고, 여러분에게 교회를 건강하게 하는 책임을 지우려는 데 있었습

니다. 그러므로 여러분이 그를 용서하면, 나도 그를 용서하겠습니다. 내가 개인적인 원한의 목록을 지니고 다닌다고 생각지 마십시오. 그리스도께서 우리와 함께하시고 우리를 인도하시듯이, 나도 용서하는 여러분과 행동을 함께하겠습니다. 어쨌든 우리는, 부지중에라도 사탄이 더 많은 해를 끼칠 틈을 주지 않을 것입니다. 우리는 사탄의 교활한 책략을 잘 알고 있습니다!

그리스도의 향기

12-14 내가 메시아의 **메시지**를 선포하려고 드로아에 이르러 보니, 이미 문이 활짝 열려 있었습니다. 하나님께서 문을 열어 두신 것입니다. 나는 그저 그 문을 통과하기만 하면 되었습니다. 그러나 여러분의 소식을 가지고 나를 기다리고 있던 디도를 만나지 못해서, 나는 마음을 놓지 못했습니다. 여러분을 걱정한 나는, 그곳을 떠나 마케도니아로 갔습니다. 디도를 만나 여러분에 관한 든든한 소식을 듣기 위해서였습니다. 그리고 감사하게도 여러분의 소식을 들었습니다!

14-16 하나님께서는 메시아, 곧 그리스도 안에서 우리를 이리저리 데리고 다니시면서, 끊임없이 계속되는 개선 행진에 참여시키고 계십니다. 그분은 우리를 통해 그리스도를 아는 지식을 제시하십니다. 우리가 가는 곳마다 사람들은 고상한 향기를 들이마십니다. 그리스도로 인해, 우리가 하나님께 달콤한 향기를 피워 올리면, 구원의 길에 들어선 사람들은

그 향기를 맡고 알아봅니다. 그 향기는 생명을 드러내는 향
기입니다. 그러나 멸망의 길에 들어선 사람들은 우리를 썩
은 시체에서 나는 악취처럼 대합니다.

16-17 이것은 엄청난 책임입니다. 이 책임을 떠맡을 역량이
되는 사람이 누구이겠습니까? 아무도 없을 것입니다. 그러
나 적어도 우리는, 하나님의 말씀을 가져다가 거기에 물을
타서 거리로 나가 값싸게 파는 일은 하지 않습니다. 우리는
그리스도가 보시는 앞에서 말합니다. 하나님께서 우리의 얼
굴을 보고 계십니다. 우리는 하나님에게서 할 말을 직접 받
아서 할 수 있는 한 정직하게 전합니다.

3 1-3 우리가 자화자찬하는 것처럼 들립니까? 신임장
을 받았다고 주장하면서 우리의 권한을 옹호하는 것
으로 들립니까? 글쎄요, 그렇지 않습니다. 우리는 여러분에
게 내보일 추천서나 여러분에게서 받을 추천서가 필요 없는
사람입니다. 여러분 자신이야말로 우리가 필요로 하는 추
천서의 전부입니다. 여러분의 참된 삶이야말로 누구나 보
고 읽을 수 있는 편지입니다. 그리스도께서 친히 그 편지를
쓰셨습니다. 그 편지는 잉크로 쓰신 것이 아니라, 살아 계신
하나님의 영으로 쓰신 것입니다. 그 편지는 돌에 새긴 것이
아니라, 사람의 삶에 새긴 것입니다. 그리고 우리는 그 편지
를 전하는 사람입니다.

4-6 우리는 이것을 전적으로 확신합니다. 그리스도께서 하나님을 위해 친히 쓰신 여러분이야말로 우리의 추천서입니다. 우리 같으면 이런 추천서를 쓸 생각도 하지 못했을 것입니다. 하나님만이 그러한 추천서를 쓰실 수 있습니다. 그분의 추천서가 우리에게 권한을 주어, 우리가 이렇게 새로운 행동 계획을 실행에 옮기고 있는 것입니다. 그 계획은 종이에 잉크로 쓴 것도 아니고, 페이지마다 율법에 관한 각주를 빼곡하게 달아서 여러분의 영을 죽이는 것도 아닙니다. 그 계획은 성령께서 영에 대고 쓰신 것, 그분의 생명이 우리의 삶에 대고 쓰신 것입니다!

성령에 의한 의의 통치

7-8 죽음의 통치, 돌판에 새긴 죽음의 헌법인 율법은 멋지게 시작했습니다. 모세가 율법을 새긴 그 돌판을 전달할 때, (곧 사라지기는 했지만) 그의 얼굴은 대낮같이 빛났습니다. 이스라엘 백성은 태양을 응시할 수 없는 것처럼, 그의 얼굴을 똑바로 쳐다보지 못했습니다. 그렇다면 살아 계신 영의 통치는 얼마나 더 눈부시겠습니까?

9-11 율법에 의해 이루어진 정죄의 통치가 인상적이었다면, 성령에 의해 이루어지는 의의 통치는 얼마나 더 인상적이겠습니까? 옛 통치가 눈부셨다고 하지만, 그것은 이 새 통치와 나란히 서면 완전히 희미해 보일 것입니다. 잠시 있다가 사라지고 말 제도가 깊은 인상을 주었다면, 영원토록 다스

릴 이 밝게 빛나는 통치는 얼마나 더한 인상을 주겠습니까?
12-15 우리를 감격스럽게 하는 그 소망이 있기에, 그 어떤 것
도 우리에게 방해가 되지 않습니다. 모세와 달리, 우리는 숨
길 것이 전혀 없습니다. 모든 것이 우리와 함께 환히 드러나
있습니다. 모세는 자기 얼굴에 나타난 영광이 사라져 가는
것을 이스라엘 자손이 알아채지 못하게 하려고 수건을 썼습
니다. 그래서 그들은 알아채지 못했습니다. 그들은 그때에
도 알아채지 못했지만, 지금도 알아채지 못하고 있습니다.
그 수건 뒤에 아무것도 남아 있지 않다는 것을 전혀 알아채
지 못하고 있습니다. 오늘날에도 그들은 그 낡고 힘없는 통
치의 선포를 소리내어 읽고 있지만, 그것을 꿰뚫어 보지는
못합니다. 오직 그리스도만이 수건을 벗기셔서, 그 뒤에 아
무것도 없다는 것을 그들로 직접 보게 하실 수 있습니다.
16-18 그러나 그들이 모세처럼 돌아서서 하나님을 마주하면,
하나님께서 그 수건을 벗겨 주십니다. 그러면 거기서 하나
님과 서로 얼굴을 마주보게 됩니다! 그 순간 그들은, 하나님
이 율법을 새긴 한 조각 돌판이 아니라, 살아 계셔서 인격적
으로 임재하시는 분이라는 것을 깨닫게 됩니다. 살아 계신
영이신 하나님께서 임하시면, 우리를 옥죄던 저 낡은 법조
문이 쓸모없다는 것을 깨닫게 됩니다. 우리는 그 법조문에
서 풀려난 사람들입니다! 우리 모두가 그러합니다! 우리와
하나님 사이를 가로막는 것은 아무것도 없습니다. 우리의
얼굴은 그분의 얼굴빛으로 환히 빛나고 있습니다. 하나님께

서 우리 삶에 들어오시고 우리가 그분을 닮아 갈 때, 우리는
메시아를 꼭 닮은 형상으로 변화되고 우리 삶은 점점 더 밝
아져서 보다 아름다워질 것입니다.

질그릇에 담긴 귀중한 메시지

4 ¹⁻² 하나님은 너무도 은혜로우셔서, 그분이 하고 계신
일에 우리를 참여시키셨습니다. 그러니 이따금 힘겨
운 시기를 만나더라도, 우리는 단념하거나 우리 일을 포기할
마음이 없습니다. 우리는 가면을 쓰고 속이는 짓을 하지 않
습니다. 술수를 쓰거나 배후에서 조작하는 짓도 하지 않습니
다. 우리는 하나님의 말씀을 마음대로 왜곡하지도 않습니다.
오히려 우리가 행하고 말하는 모든 것을 사람들 앞에 훤히
드러내고 진리를 모두 공개하여, 원하는 사람은 누구든지 보
고 하나님 앞에서 스스로 판단할 수 있게 합니다.

³⁻⁴ 우리의 **메시지**가 누군가의 눈에 보이지 않는다면, 그것
은 우리가 감추고 있어서가 아니라, 그들이 잘못된 곳을 보
거나 잘못된 길을 가면서 **메시지**에 주의를 기울이지 않기
때문입니다. 그들이 온통 관심을 갖는 것은 유행하는 어둠
의 신뿐입니다. 그들은 자신들이 원하는 것을 그 신이 줄 수
있다고 생각합니다. 그들은 자신들이 보지 못하는 진리이신
분을 믿으려 하지 않습니다. 그들은 눈이 아주 멀어서, 그
리스도와 더불어 빛나는 **메시지**의 밝은 서광을 보지 못합니
다. 그리스도께서는 우리가 장차 얻게 될 하나님의 형상을

가장 분명하게 보여주시는 분입니다.

5-6 기억하십시오. 우리가 전하는 **메시지**는 우리 자신에 관한 것이 아닙니다. 우리는 예수 그리스도를 주님으로 선포하고 있습니다. 현재의 우리는 모두 심부름꾼, 예수께서 보내셔서 여러분에게 달려가는 심부름꾼입니다. 이 일은 하나님께서 "어둠을 밝혀라!" 하고 말씀하신 때부터 시작된 일입니다. 우리가 온통 밝고 아름다우신 그리스도의 얼굴에서 하나님을 보고 깨달은 순간, 우리 삶은 빛으로 차올랐습니다.

7-12 여러분이 우리만 본다면, 여러분은 그 밝은 빛을 놓치고 말 것입니다. 우리는 이 귀중한 **메시지**를 우리 일상의 삶이라는 수수한 질그릇에 담아 가지고 다니기 때문입니다. 그것은 어느 누구도 비할 데 없는 하나님의 능력을 우리의 능력으로 혼동하지 않게 하려는 것입니다. 사실, 그럴 가능성이 많지 않을 것입니다. 여러분도 알다시피, 우리는 볼품없는 사람들이니까요. 우리가 고난에 둘러싸여 난타를 당했지만, 사기를 잃지 않았습니다. 우리가 어찌할 바를 몰라도, 우리가 알기로, 하나님은 어찌해야 하는지 알고 계십니다. 우리가 영적으로 위협을 받았지만, 하나님은 우리 곁을 떠나지 않으셨습니다. 우리가 넘어뜨림을 당했지만, 꺾이지 않았습니다. 사람들은 예수께 한 일—재판과 고문, 조롱과 살해—을 우리에게도 그대로 하고 있습니다. 그러나 예수께서는 그들 가운데서 행하신 일을 우리 안에서도 행하고 계십니다. 그분은 살아 계십니다! 우리의 삶은 예수를 위해

끊임없이 위험을 무릅쓰고 있습니다. 그것은 예수의 생명이 우리 안에서 보다 분명히 드러나게 하려는 것입니다. 우리는 가장 나쁜 일을 겪고 있지만, 여러분은 가장 좋은 상황을 맞고 있습니다!

13-15 우리는 이것을 비밀로 할 수 없습니다. 절대 그럴 수 없습니다. "나는 믿었다. 그래서 말했다"라고 말한 시편 기자처럼, 우리도 우리가 믿는 바를 말합니다. 우리가 믿는 바는, 주 예수를 다시 살리신 분께서 우리를 여러분과 함께 다시 살리시리라는 확신입니다. 이 모든 일은 여러분의 유익과 하나님의 영광을 위한 것입니다. 더욱 많은 은혜가 더욱 많은 사람들에게 퍼져서, 더욱 많은 찬양이 있게 하려는 것입니다!

16-18 그러므로 우리는 포기하지 않습니다. 어찌 포기할 수 있겠습니까! 겉으로는 우리의 일이 실패로 끝나는 것처럼 보이지만, 안에서는 하나님께서 단 하루도 빠짐없이 은혜를 펼치시며 새로운 생명을 창조하고 계십니다. 현재의 힘겨운 시기는 장차 다가올 복된 시기, 우리를 위해 마련된 성대한 잔치에 비하면 하찮은 것에 불과합니다. 눈에 보이는 것이 전부가 아닙니다. 지금 우리 눈에 보이는 것은 오늘 이 자리에 있다가 내일이면 사라지고 말지만, 보이지 않는 것은 영원히 지속될 것입니다.

5

1-5 예컨대, 우리의 몸이 장막처럼 무너져 내리면, 하늘에 있는 부활의 몸—사람의 손으로 지은 몸이 아니라 하나님께서 지으신 몸—이 대신하리라는 것을 우리는 압니다. 그때가 되면, 우리는 우리의 장막을 다시 이전하지 않아도 될 것입니다. 이따금 우리는 장막을 이전하고 싶어 견딜 수 없을 때가 있습니다. 그럴 때면 우리는 좌절하여 울부짖기도 합니다. 장차 다가올 삶에 비하면, 현재 삶의 조건은 가구 하나 비치되어 있지 않는 오두막에 잠시 체류하는 것처럼 보입니다. 우리는 그런 삶에 지쳤습니다! 그 이유는 우리가 참된 것, 우리의 참된 집, 우리의 부활한 몸을 어렴풋하게나마 보았기 때문입니다! 하나님의 영은 우리의 식욕을 돋우셔서, 장차 다가올 것을 맛보게 하십니다. 그분은 우리 마음속에 천국을 조금 넣어 두셔서, 우리가 천국보다 못한 것에 만족하는 일이 없게 하십니다.

6-8 우리는 그 천국을 기대함으로 아주 힘차게 살아갑니다. 여러분은 우리가 고개를 떨어뜨리거나 꾸물거리는 모습을 볼 수 없을 것입니다. 현재의 답답한 상황도 우리를 넘어뜨릴 수 없습니다. 그것은 장차 다가올 풍성한 삶의 조건을 상기시킬 뿐입니다. 우리가 믿지만 아직 눈에 보이지 않는 것, 바로 그것이 우리를 전진하게 합니다. 여러분은 길에 패인 홈이나 길바닥에 널린 돌멩이들이 우리를 방해할 것이라고 생각합니까? 때가 되면, 우리는 나그네 삶을 끝내고 본향으로 돌아갈 채비를 갖추게 될 것입니다.

9-10 그러나 나그네 삶이나 본향으로 돌아가는 것이 핵심은
아닙니다. 하나님을 진심으로 기쁘시게 해드리는 것이 핵
심입니다. 어떤 처지에 있더라도, 우리가 하려고 하는 일
은 그것입니다. 조만간 우리는 우리의 처지와 관계없이 하
나님을 대면하여 뵙게 될 것입니다. 우리는 그리스도 앞에
나아가, 선한 행위이든 악한 행위이든, 우리가 행한 일의
마땅한 결과를 받게 될 것입니다.

11-14 그 사실이 우리를 깨어 있게 하는 것임을, 여러분은 확
신해도 좋습니다. 우리 모두가 장차 그 심판의 자리에 서게
될 것입니다. 그것을 아는 것은 결코 가볍게 여길 일이 아닙
니다. 그런 이유로, 우리는 만나는 모든 사람을 위해 긴박하
게 일하면서, 그들이 하나님을 대면할 수 있도록 준비시키
고 있습니다. 우리가 이 일을 얼마나 잘하는지는 하나님만
이 아시겠지만, 우리가 얼마나 깊고 얼마나 많이 마음을 쓰
는지는 여러분이 알아주었으면 합니다. 우리가 이렇게 말하
는 것은, 여러분에게 우리를 내세우려는 것이 아닙니다. 다
만, 많은 사람들처럼 여러분 앞에서만 친절하게 대하는 것
이 아니라, 여러분과 한편이 되는 것이 여러분의 기분을 좋
게 하고, 나아가 여러분을 자랑스럽게 해줄 것이라고 생각
했던 것입니다. 내가 미친 사람처럼 행동했다면 하나님을
위해서 그렇게 한 것이고, 내가 지나칠 정도로 신중하게 처
신했다면 여러분을 위해서 그렇게 한 것입니다. 그리스도의
사랑이 나를 그 같은 극단으로 치우치게 했습니다. 우리가

하는 모든 일의 처음과 끝을 결정하는 것은, 다름 아닌 그분의 사랑입니다.

그리스도의 대사

14-15 우리 사역의 변치 않는 결심이자 중심은, 한 사람 곧 예수 그리스도께서 우리 모두를 위해 죽으셨다는 것입니다. 그 사실이 모든 사람으로 하여금 한 배를 타게 합니다. 그분은 모든 사람으로 하여금 그분의 죽음에 들어가게 하셔서, 그들로 그분의 생명과, 부활의 삶과, 자기 마음대로 살았던 삶보다 훨씬 나은 삶에 들어가게 하셨습니다.

16-20 우리가 사람을 소유나 외모로 평가하지 않는 것은 그 같은 결심 때문입니다. 여러분도 알다시피, 우리는 일찍이 메시아를 그런 식으로 잘못 바라보았습니다. 우리는 더 이상 그분을 그런 식으로 바라보지 않습니다. 이제 우리는 중심을 봅니다. 우리가 보는 것은, 누구든지 메시아와 연합하면 새로운 출발을 할 수 있고, 새롭게 창조될 수 있다는 것입니다. 옛 삶이 지나가고, 새로운 삶이 싹트는 것입니다! 보십시오! 이 모든 것은 우리와 가족 관계를 맺으시고, 우리 각자를 부르셔서 서로 가족 관계를 맺게 하신 하나님께로부터 옵니다. 하나님께서는 메시아를 통해 이 세상을 그분과 화해시키셨고, 죄를 용서하심으로 이 세상이 새로운 출발을 하게 하셨습니다. 하나님께서는 그분이 지금 하고 계신 일을 모든 사람에게 알리는 임무를 우리에게 맡기셨습니다.

우리는 그리스도의 대사입니다. 하나님께서는 우리를 쓰셔서, 다툼을 버리고 서로의 관계를 바로잡으시는 하나님의 일에 참여하라고 사람들을 설득하게 하십니다. 이제 우리는 그리스도를 대신해 말씀드립니다. 하나님께서 이미 여러분과 친구가 되셨으니, 여러분도 하나님과 친구가 되십시오. 21 어떻게 하면 되느냐고, 여러분은 물을 것입니다. 그리스도 안에 머물기만 하면 됩니다. 하나님께서는 잘못한 일이 없는 그리스도께 죄를 씌우셔서, 우리로 하여금 하나님과 바른 관계를 맺게 하셨습니다.

하나님이 거하시는 성전

6 1-10 우리는 이 일에 여러분과 함께하는 동료로서 부탁드립니다. 하나님께서 우리에게 주신 이 놀라운 삶을 조금도 낭비하지 마십시오. 하나님께서 우리에게 이렇게 말씀하셨습니다.

가장 알맞은 때에, 내가 너의 외치는 소리를 들었다.
네가 나를 필요로 하던 그날에, 내가 너를 도우려고 거기 있었다.

지금이야말로 하나님께서 들으시는 때요, 그분께로부터 도움을 받을 날입니다. 그러니 미루지 마십시오. 여러분은 우리가 하는 모든 일에 의문을 던지다가, 때를 놓쳐 하나님의 일을 그르치는 일이 없게 하십시오. 우리가 하나님의 종이 되어 하는 일은, 세세한 부분에 이르기까지 정당함을 인정받습니다. 우리가 힘겨운 시기와 역경과 곤경 속에서도, 정신을 바짝 차리고 흔들림 없이 우리의 자리를 지키고 있는지, 사람들이 지켜보고 있습니다. 우리는 매를 맞고 투옥되고 습격을 받으면서도, 열심히 일하고 늦게까지 일하고 식사도 거른 채 일합니다. 깨끗한 마음과 맑은 정신과 착실한 손으로 일합니다. 우리는 온유함과 거룩함과 정직한 사랑으로 일합니다. 우리가 진리를 말할 때에도, 하나님께서 자신의 능력을 보이실 때에도 그리합니다. 우리는 최선을 다해 사태를 바로잡을 때도, 칭찬을 받거나 비난을 받거나 비방을 받거나 존경을 받을 때도 그리합니다. 우리는 의심을 받을 때도 있지만, 우리의 말에 정직합니다. 세상이 우리를 무시하지만, 하나님께서는 우리를 인정해 주십니다. 죽었다는 소문이 돌기도 했지만, 우리는 멋지게 살아 있습니다. 우리는 거의 죽을 정도로 맞았지만, 죽지 않았습니다. 우리는 슬픔에 잠겼으나, 항상 커다란 기쁨으로 가득 찼습니다. 우리는 후원에 의지해 살면서도, 많은 사람을 부요하게 합니다. 우리는 가진 것이 없지만, 모든 것을 가진 사람입니다.

11-13 사랑하는 고린도 교우 여러분, 나는 여러분이 이토록 활짝 열려 있는 풍성한 삶에 참여하기를 간절히 바라고 있습니다. 우리가 여러분을 작게 만든 것이 아닙니다. 여러분이 작다고 느끼는 것은 여러분 자신에게서 비롯된 것입니

다. 여러분의 삶이 작지 않은데도, 여러분은 작게 살고 있습니다. 나는 할 수 있는 한 알기 쉽게, 애정을 듬뿍 담아서 말씀드립니다. 여러분의 삶을 넓히십시오. 탁 트인 마음으로 대범하게 사십시오!

❧

14-18 하나님을 무시하는 사람들과 연합하지 마십시오. 옳은 것과 그른 것이 어떻게 연합할 수 있겠습니까? 그 둘은 서로 싸울 뿐이지, 절대 연합할 수 없습니다. 빛이 어둠의 절친한 벗이라는 말입니까? 그리스도께서 마귀와 손잡고 거니신다는 말입니까? 믿음과 불신이 손을 잡는다는 말입니까? 어느 누가 이교도의 우상을 하나님의 성전에 갖다 놓을 생각을 하겠습니까? 그러나 우리의 현재 모습이 그러합니다. 우리 각 사람은 하나님이 거하시는 성전입니다. 하나님께서 그것을 이렇게 말씀하셨습니다.

"내가 그들 안으로 들어가 그들 가운데서 살겠다.
  나는 그들의 하나님이 되고, 그들은 내 백성이 될 것이다.
  그러니 타락과 타협의 행위를 그만두어라.
  영원히 그만두어라.
  너희를 타락시키는 자들과 어울리지 마라.
  나는 너희가 나하고만 있기를 원한다.
  나는 너희에게 아버지가 되고

너희는 나에게 아들딸이 될 것이다."
주 하나님의 말씀이다.

7 ¹ 사랑하는 친구 여러분, 이와 같이 우리를 이끌어 주는 약속을 받았으니, 안에 있든 밖에 있든, 우리를 더럽히거나 우리의 주의를 흐트리는 것과 관계를 깨끗이 끊어 버립시다. 우리 삶 전체를 하나님을 예배하기에 합당한 성전으로 만듭시다.

하나님께로 이끄는 근심

2-4 우리를 믿어 주십시오. 우리는 한 사람도 해친 적이 없고, 누군가를 이용하거나 속인 적도 없습니다. 내가 여러분의 흠을 잡는다고 생각하지 마십시오. 전에도 말씀드렸지만, 나는 어떤 경우에도 여러분과 줄곧 함께할 것입니다. 사실, 나는 여러분을 크게 신뢰하고 있습니다. 내가 여러분을 얼마나 자랑스러워하는지 여러분이 알았으면 좋겠습니다! 우리의 온갖 수고에도 불구하고, 나는 기쁨이 넘쳐납니다.

5-7 마케도니아에 이르렀을 때, 우리는 편히 쉴 수 없었습니다. 교회 안의 다툼과 우리 마음속의 두려움으로 인해 우리는 계속 초조하고 불안했습니다. 우리는 사태가 어떻게 마무리될지 알 수 없어서 긴장을 늦추지 못했습니다. 그때 풀이 죽은 사람들의 기운을 돋우어 주시는 하나님이 디도를

도착하게 하셔서, 우리의 기운과 마음을 북돋아 주셨습니다. 우리는 그를 보는 것만으로도 기뻤지만, 그에게서 여러분의 소식을 듣고 나서는 정말로 안심이 되었습니다. 여러분이 나에게 얼마나 마음을 쓰는지, 여러분이 나 때문에 얼마나 슬퍼하는지, 여러분이 나를 두고 얼마나 걱정하는지, 그가 소식을 들려주더군요. 나의 걱정이 금세 평안으로 바뀌었답니다!

8-9 나는 내 편지가 여러분을 근심하게 했다는 것을 압니다. 그 당시 나는 마음이 편치 않았지만, 지금은 사태가 어떻게 마무리되었는지 알기에 전혀 후회하지 않습니다. 그 편지가 여러분을 근심하게 했지만, 잠시만 그랬을 것입니다. 지금 내가 기뻐하는 것은, 여러분이 근심했기 때문이 아니라, 여러분이 아픔을 겪으면서도 상황을 호전시켰기 때문입니다. 여러분은 근심하며 하나님에게서 멀어지기는커녕, 도리어 하나님께로 나아갔습니다. 그 결과는 모든 것이 유익이었지, 손해가 아니었습니다.

10 우리를 하나님께로 이끄는 근심은 그런 일을 합니다. 우리의 방향을 바꾸게 하고, 우리를 구원의 길로 되돌아가게 합니다. 그런 아픔에는 결코 후회하는 일이 없습니다. 그러나 근심으로 인해 하나님으로부터 멀어지는 사람은 후회만 하다가, 결국 죽음에 이르게 됩니다.

11-13 하지만 그 아픔이 여러분을 자극하여 하나님께 가까이 가게 했으니 놀랍지 않습니까? 여러분은 더 생생하고, 더

사려 깊고, 더 섬세하고, 더 공손하고, 더 인간답고, 더 열
정적이고, 더 책임감 있는 사람이 되었습니다. 어느 모로 보
나, 여러분은 이 일로 깨끗한 마음을 갖게 되었습니다. 그것
이야말로 내가 편지를 쓸 때 가장 먼저 기대한 사항입니다.
나의 일차적 관심은 해를 끼친 사람이나 해를 입은 사람이
아니라 여러분을 위한 것이었습니다. 여러분이 하나님 앞에
서 우리와 맺은 깊고 깊은 관계를 깨닫고 그에 합당한 행동
을 하려는 것이었습니다. 결국 그렇게 되었고, 우리는 너무
나 기뻤습니다.

13-16 또한 디도가 여러분의 반응을 접하고 느낀 충만한 기쁨
을 알게 되었을 때, 우리의 기쁨은 배가 되었습니다. 여러분
이 해준 모든 일로 디도가 어떻게 다시 살아나고 새로워졌
는지를 보는 것은 놀라운 일이었습니다. 나는 디도에게 여
러분을 무척이나 칭찬하면서 혹시라도 나의 말이 거짓이 되
면 어쩌나 하고 염려했는데, 여러분은 그 염려를 말끔히 해
소해 주었습니다. 내가 조금도 과장하지 않았음이 드러난
것입니다. 디도는 내가 여러분을 두고 한 말이 모두 진실임
을 직접 목격했습니다. 그가 여러분의 즉각적인 순종과 점
잖고 섬세한 환대를, 두고두고 이야기하고 있으니 말입니
다. 그가 그 모든 일에 확실히 감동받은 것이 분명합니다!
나는 더할 나위 없이 기쁩니다. 여러분이 무척 든든하고 자
랑스럽습니다.

구제 헌금

8

¹⁻⁴ 친구 여러분, 이제 나는 하나님께서 마케도니아
의 여러 교회 가운데서 행하고 계신 놀랍고 은혜로
운 방식들에 대해 알려 드리고자 합니다. 극심한 시련이 그
교회 교우들에게 닥쳐서, 그들을 극한 상황으로까지 내몰았
습니다. 결국 시련이 그들의 참 모습을 여실히 보여주었습
니다. 그들은 지독한 가난에 시달리면서도 믿을 수 없을 만
큼 즐거워했습니다. 그들의 곤경이 오히려 뜻밖의 결과를
낳았는데, 곧 순수하고 풍성한 선물들을 흘려보내도록 만들
었습니다. 내가 거기 있으면서 직접 그 모습을 보았습니다.
그들은 가난한 그리스도인들을 구제하는 활동에 참여할 특
권을 달라고 간청하면서, 자신들이 베풀 수 있는 것이면 무
엇이나 베풀고, 자신들이 베풀 수 있는 것 그 이상을 베풀었
습니다!

⁵⁻⁷ 그것은 순전히 자발적인 활동이었고, 그들 스스로 생각
해 낸 아이디어였으며, 우리가 전혀 예상하지 못한 일이었
습니다. 설명하면 이렇습니다. 그들은 먼저 자신을 송두리
째 하나님께 드리고 우리에게도 맡겼습니다. 구제 헌금은
그들의 삶 속에서 활동하시는 하나님의 뜻으로부터 흘러나
온 것이었습니다. 우리는 그 일에 자극받아, 디도에게 청하
여 구제 헌금에 여러분의 주의를 환기시키도록 했습니다.
훌륭하게 시작한 일이니 잘 마무리할 수 있게 하라고 말입
니다. 여러분은 잘하는 일이 참 많습니다. 하나님을 신뢰하

는 일도 잘하고, 말도 똑바르게 하며, 통찰력 있고, 열성적
이고, 우리를 사랑하는 일도 잘합니다. 그러니 이제 이 일에
도 최선을 다하시기 바랍니다.

8-9 나는 여러분의 의지를 거슬러 명령하려는 것이 아닙니
다. 다만 마케도니아 사람들의 열성으로 여러분의 사랑을
자극하여, 여러분에게서 최선을 이끌어 내려는 것입니다.
여러분은 우리 주 예수 그리스도의 관대하심을 잘 알고 있
습니다. 그분은 부요하셔서, 그 모든 것을 우리에게 내어주
셨습니다. 그분은 단숨에 가난하게 되시고, 우리는 부요하
게 되었습니다.

10-20 내 생각은 이렇습니다. 여러분이 지금 당장 할 수 있는
최선의 일은, 여러분이 지난해 시작한 구제 헌금 모으는 일
을 마저 끝내서, 여러분의 선한 의도가 퇴색하지 않게 하는
것입니다. 여러분의 마음은 줄곧 바른 자리에 있었습니다.
여러분은 그 일을 마무리 짓는 데 필요한 것을 가지고 있으
니, 어서 마무리 지으십시오. 하고자 하는 의사가 분명한 만
큼, 여러분이 할 수 있는 일은 하고 할 수 없는 일은 하지 마
십시오. 마음 가는 곳에 손이 따르게 마련입니다. 이 일이,
다른 사람들에게는 쉽고 여러분에게는 어려운 일이 아닙니
다. 여러분은 항상 그들과 서로 어깨를 같이하고 있습니다.
여러분의 남은 것이 그들의 부족분을 채워 주고, 그들의 남
은 것이 여러분의 부족분을 채워 줍니다. 결국, 모두가 균등
하게 되는 것입니다. 이는 성경에 기록된 그대로입니다.

가장 많이 거둔 사람도 남은 것이 없었고
가장 적게 거둔 사람도 모자라는 것이 없었다.

내가 여러분을 위해 품은 뜨거운 관심을 디도에게도 똑같이 허락하신 하나님께 감사를 드립니다. 디도는 우리의 생각을 가장 잘 헤아리는 사람입니다. 하지만 여러분에게 가서 이 구제 헌금 거두는 일을 기꺼이 돕기로 한 것은, 순전히 그의 생각입니다. 우리는 그와 함께 동료 한 사람을 보냅니다. 그는 **메시지**를 선포하는 일로 교회 안에서 대단히 평판이 좋은 사람입니다. 그러나 그에게는 평판 이상의 것이 있습니다. 그는 바위처럼 견고하고 믿음직스럽습니다. 여러 교회가 직접 그를 뽑아 우리와 함께 여행하며 하나님의 선물을 나누는 이 일을 하게 했습니다. 그것은 하나님께 영광을 돌리고, 불미스러운 사건이나 소문이 나지 않도록 모든 주의를 기울이게 하기 위해서입니다.

20-22 우리는 누구에게서도 이 헌금 가운데 단 한 푼이라도 착복한다는 의심을 사고 싶지 않습니다. 우리는 하나님께서 우리에게 내리시는 평판은 물론이고 사람들이 우리에게 내리는 평판도 두려워하면서 조심합니다. 그런 이유로, 우리는 믿을 만한 벗 한 사람을 더 딸려 보냅니다. 그는 자신이 신뢰할 수 있는 사람임을 여러 차례 입증해 보였으며, 처음 사역을 시작한 때는 물론이고 지금도 열정적으로 일하고 있습니다. 그는 여러분에 관한 소식을 많이 들었고, 그 들은

소식으로 인해 기뻐했습니다. 그 정도로 그는 여러분에게 가기를 고대한 사람입니다.

23-24 디도에 관해서는 두말할 필요가 없습니다. 그와 나는 여러분을 섬기는 이 일에 오랫동안 절친한 동료로 지내 왔습니다. 그와 함께 여행하는 형제들은 여러 교회에서 파견한 대표들이며, 그리스도의 참 자랑거리입니다. 그러니 여러분은 그들에게 여러분의 진면목, 곧 내가 여러 교회에서 큰소리로 자랑해 보인 여러분의 사랑을 보여주십시오. 그들의 눈으로 직접 보게 해주십시오!

9 1-2 가난한 그리스도인들을 위한 구제 헌금과 관련해 편지를 더 쓴다면, 똑같은 말을 되풀이하는 것밖에 되지 않을 것입니다. 나는 여러분이 이 일에 충분히 준비되어 있다는 것을 알고 있습니다. 나는 마케도니아 어디에서나 여러분을 자랑하며 "아가야에서는 지난해부터 이 일에 준비가 되어 있다"고 말해 왔습니다. 지금은 여러분의 열정에 관한 소문이 그들 대다수에게 퍼진 상태입니다.

3-5 이제 내가 형제들을 보내는 것은, 앞서 말한 대로 여러분이 준비되었음을 확인하고, 내가 자랑한 것이 과장된 이야기로 끝나지 않게 하려는 것입니다. 내가 몇몇 마케도니아 사람과 함께 여러분을 불시에 방문하여 여러분이 준비되지 않은 것을 보게 된다면, 우리가 그토록 자신하며 행동한 것

때문에 여러분과 우리 모두가 부끄러워 얼굴을 붉히게 될
것입니다. 내가 이 형제들을 선발대로 뽑은 것은, 그들을 여
러분에게 보내어 그곳 상황을 빠짐없이 확인하고, 여러분이
약속한 헌금을 내가 이르기 전에 모두 준비하게 하려는 것
입니다. 나는 여러분이 필요한 만큼의 충분한 시간을 두고
여러분 나름대로 헌금을 마련했으면 합니다. 나는 여러분이
억지로 하거나 막판에 허둥대는 것을 바라지 않습니다.

6-7 인색하게 심는 사람은 적은 곡식을 거두고, 아낌없이 심
는 사람은 풍성한 곡식을 거둔다는 것을 기억하십시오. 나
는 여러분 각자가 충분한 시간을 두고 생각한 다음, 얼마를
낼 것인지 작정하기를 바랍니다. 그렇게 하면 구차한 변명
을 늘어놓거나, 마지못해 하는 일이 없게 될 것입니다. 하나
님께서는 즐거운 마음으로 베푸는 사람을 기뻐하십니다.

8-11 하나님께서는 온갖 복을 놀라운 방식으로 부어 주실 수
있습니다. 이는 여러분이 꼭 해야 할 일을 하도록 준비시키
는 것에 그치지 않고, 무슨 일이든지 넉넉히 할 수 있도록
준비시키시려는 것입니다. 이는 시편 기자가 말한 그대로입
니다.

  그는 가난한 사람들에게
  거침없이, 아낌없이 베푼다.
  그가 사는 방식, 그가 베푸는 방식은 참되어서
  결코 끝나거나 닳아 없어지지 않는다.

농부에게 먹을거리가 될 씨앗을 주시는 지극히 풍성하신 하나님께서, 여러분에게도 아낌없이 베푸십니다. 하나님께서는 여러분이 베풀 수 있도록 무언가를 주셔서, 그것이 하나님 안에서 튼튼하고, 모든 면에서 풍성하고 충만한 삶으로 자라게 하십니다. 이는 여러분이 모든 면에서 후히 베푸는 사람이 되어, 우리와 더불어 하나님을 찬양하게 하려는 것입니다.

12-15 이 구제 활동을 실행에 옮기는 것은, 가난한 그리스도인들의 부족한 필요를 채워 주는 데 도움이 되는 것은 물론이고, 그 이상의 의미가 있습니다. 그것은 하나님께 드릴 풍성하고 넉넉한 감사를 낳게 합니다. 이 구제 헌금은 여러분을 최선의 상태로 살게 하는 자극제, 여러분이 그리스도의 **메시지**가 지닌 분명한 뜻에 공개적으로 순종하면서, 하나님께 대한 여러분의 감사를 드러내 보이게 하는 자극제입니다. 여러분은 후한 헌금을 통해 여러분의 궁핍한 형제자매에게는 물론이고, 모든 사람에게도 여러분의 감사를 보여주게 될 것입니다. 그들은 여러분의 삶에 아낌없이 베풀어 주시는 하나님의 은혜에 감동하여, 여러분이 필요로 하는 것이면 무엇이든지 들어주시기를 구하는 간절한 중보기도로 응답할 것입니다. 이 선물을 주시는 하나님께 감사드립니다. 이것을 어찌 말로 다 찬양할 수 있겠습니까!

자신의 사도직을 변호하는 바울

10

¹⁻² 이제부터 말씀드리는 것은 사적이기는 하지만 대단히 절박한 문제입니다. 나는 그리스도의 온유하심과 확고한 영에 힘입어 말합니다. 내가 여러분과 함께 있을 때에는 움츠리고 연약하지만, 여러분과 적당히 떨어져 편지를 쓸 때에는 모질고 요구가 지나치다는 말이 들리는군요. 바라건대, 내가 여러분과 함께 있을 때에도 강경한 입장을 취하지 않게 해주십시오. 나를 가리켜 원칙 없는 기회주의자라고 말하는 자들에게 맞서는 일에, 내가 단일 분이라도 주저할 것이라고 생각지 마십시오. 그들은 자신들이 한 말을 취소해야 할 것입니다.

³⁻⁶ 세상은 원칙이 없습니다. 인정사정없는 냉혹한 곳입니다! 세상은 정정당당하게 싸우지 않습니다. 그러나 우리는 그런 식으로 살거나 싸우지 않습니다. 이제까지도 그랬고, 앞으로도 그럴 것입니다. 우리 일에 사용하는 도구는 마케팅이나 시세를 조작하는 데 쓰이는 것이 아닙니다. 우리의 도구는 타락한 문화 전체를 뒤엎는 데 쓰입니다. 우리는 하나님의 강력한 도구를 사용하여 뒤틀린 철학을 분쇄하고, 하나님의 진리를 가로막기 위해 세워진 장벽들을 허물고, 모든 흐트러진 생각과 감정과 충동을 그리스도께서 조성하신 삶의 구조에 맞게 변화시킵니다. 우리의 도구는 모든 방해의 원인을 제거하고, 성숙에 이르는 순종의 삶을 세우는 데 즉시 쓸 수 있도록 준비된 도구입니다.

7-8 여러분은 명백한 것을 보고 또 보지만, 나무는 보면서 숲은 보지 못하고 있습니다. 여러분은 그리스도 편에 서 있는 사람의 분명한 본보기를 구하면서, 어찌하여 그리도 성급하게 나를 제쳐 놓습니까? 나는 내가 그리스도와 함께 서 있다고 확신합니다. 그러니 나를 믿어 주십시오. 여러분은 그리스도께서 나에게 주신 권위를 내가 과장해서 말한다고 생각할지 모르겠으나, 나는 내 말을 철회할 생각이 없습니다. 내가 몸을 던져 수고한 것 하나하나는 여러분을 넘어뜨리려는 것이 아니라, 여러분을 일으켜 세우려는 것이기 때문입니다.

9-11 내가 편지로 여러분을 위협한다는 이 소문은 어찌 된 것입니까? "그의 편지는 강하고 설득력이 있지만, 그 사람 자신은 나약하고 말도 잘 못한다." 그러한 소문은 면밀히 조사해 보면, 전혀 근거 없다는 것이 밝혀질 것입니다. 우리는 여러분을 떠나서 편지로 쓴 것을, 여러분 곁에 있으면서도 그대로 행하는 사람입니다. 여러분을 떠나 있든 여러분과 함께 있든, 편지로 쓰든 직접 말로 하든 간에, 우리는 동일한 사람입니다.

12 우리는 우리보다 낫다고 자처하는 사람들 편에 우리를 끼워 넣으려는 것이 아닙니다. 우리는 그럴 생각이 없습니다. 그러나 비교하고 등급을 매기고 경쟁하는 자들은, 사실상 핵심을 놓친 것입니다.

13-14 우리는 이 자리에서 터무니없는 주장을 하고 있는 것이

아닙니다. 우리는 하나님께서 우리에게 정해 주신 한계에
서 벗어나지 않았습니다. 그 한계가 여러분에게까지 미쳐,
여러분도 그 안에 포함된다는 사실에는 의문의 여지가 없습
니다. 우리는 다른 누군가의 영역을 침범하려는 것이 아닙
니다. 우리가 이미 여러분과 함께 있지 않았습니까? 우리는
그리스도의 **메시지**를 가지고 여러분을 방문한 첫 번째 사람
들이지 않습니까? 그런데도 여러분은, 우리가 편지를 보내
거나 직접 방문하는 것이 우리의 한계를 넘어선 것이 아닌
가 의문을 품으니 어찌된 일입니까?

15-18 우리는 다른 이들의 적법한 일에 쓸데없이 참견하거나,
그들의 직무에 간섭하거나, 그들과 똑같은 혜택을 요구하
려는 것이 아닙니다. 다만 우리는, 여러분의 삶이 믿음 안에
서 자라 가면서, 우리가 확장시키고 있는 일에 여러분이 나
름대로 참여하기를 바랄 따름입니다. 우리는 고린도 너머에
있는 지역에 **메시지**를 전할 때에도 하나님께서 정하신 한계
를 넘지 않을 것입니다. 우리는 다른 이들이 이루어 놓은 일
을 침범하여 그것을 우리 공로로 삼을 마음이 전혀 없습니
다. "공로를 주장하려거든, 하나님을 위해 주장하십시오."
여러분이 스스로를 내세우는 것은 하나님의 일에 아무 의미
가 없습니다. 하나님께서 여러분을 내세워 주시는 것이 중
요합니다.

거짓 종들

11

¹⁻³ 여러분은 내가 좀 어리석은 말을 하더라도 참아 주시겠습니까? 부디, 잠시만 참아 주십시오. 내가 여러분을 몹시 걱정하고 있다는 사실이 나를 당황스럽게 합니다. 이것은 내 안에서 타오르는 하나님의 열정이나 다름없습니다! 나는 여러분을 그리스도와 결혼시키려 했고, 여러분을 순결한 처녀로 신랑 되시는 그리스도께 소개했습니다. 이제 내가 걱정하는 것은, 하와가 뱀의 번지르르한 재잘거림에 속아 넘어간 것처럼, 여러분도 유혹을 받아 그리스도를 향한 수수하고 순결한 사랑에서 멀어지고 있다는 점입니다.

⁴⁻⁶ 어떤 사람이 나타나서 우리가 전한 것과 상당히 다른 예수─다른 영, 다른 메시지─를 전하는데도, 여러분은 그를 잘도 용납하는 것 같습니다. 이렇게 대단하다는 사도들은 용납하면서, 나처럼 평범한 사람은 용납하지 못하다니 어찌된 일입니까? 나도 그들보다 못할 것이 없는 사람입니다. 내가 그들처럼 말을 잘하지 못하고, 여러분을 그토록 감동시키는 매끄러운 웅변도 익히지 못한 것은 사실입니다. 그러나 적어도 나는, 입을 열 때마다 내가 무엇을 이야기하고 있는지는 압니다. 우리는 아무것도 감추지 않았습니다. 우리는 여러분에게 모든 것을 털어놓았습니다.

⁷⁻¹² 나는 하나님의 **메시지**를 여러분에게 전하면서 답례로 아무것도 요구하지 않았고, 여러분에게 폐를 끼치지 않으려

고 아무 사례 없이 여러분을 섬겼습니다. 그렇게 하면서 내가 큰 실수라도 범했습니까? 여러분에게 경제적인 부담을 주지 않으려고 다른 교회들이 나의 비용을 대 주었습니다. 내가 여러분과 함께 지내는 동안, 누군가 나를 돕겠다고 거든 적이 한 번도 없습니다. 내게 필요한 것은 늘 마케도니아의 신자들이 공급해 주었습니다. 나는 여러분에게 짐이 되지 않으려고 조심했고, 앞으로도 짐이 되지 않을 테니 여러분은 믿어도 좋습니다. 그리스도를 나의 증인으로 모시고 말하는데, 이것은 내 명예와 관련된 일입니다. 나는 이웃의 판단으로부터 여러분을 보호하기 위해서라도 이 일을 비밀로 해둘 마음이 없습니다. 내가 여러분을 사랑하지 않아서 그런 것이 아닙니다. 내가 여러분을 사랑하는 것은 하나님께서 아십니다. 다만 나는 우리 사이의 일을 공개하여, 숨기는 것이 없게 하려는 것뿐입니다.

12-15 이와 관련해서 나는 내 입장을 바꾸지 않을 작정입니다. 여러분의 돈을 받으니 차라리 죽는 편을 택하겠습니다. 나는 악착같이 돈을 모으면서도 자신들을 특별한 존재로 자처하는 설교자들과 나를 한통속으로 취급할 빌미를 누구에게도 주지 않을 것입니다. 그들은 그리스도의 대리인 행세를 하지만 속속들이 가짜인 가엾은 패거리─거짓 사도들, 거짓 설교자들, 부정직한 일꾼들─입니다. 그렇다고 놀랄 것까지는 없습니다! 사탄은 늘 그런 식으로 활동하고, 빼어난 빛의 천사로 가장하기 때문입니다. 그러므로 사탄의 졸

개들이 하나님의 종으로 가장한다고 해서 놀랄 것이 없습니다. 그러나 그들은 그 무엇으로도 성공하지 못할 것이며, 결국에는 그 대가를 치르게 될 것입니다.

여러 번 기나긴 밤을 홀로 지새우고

16-21 출발점으로 다시 돌아가서 말씀드리겠습니다. 내가 다소 어리석은 말을 계속하더라도 나를 비난하지는 말아 주십시오. 비난하려거든, 차라리 나를 어리석은 사람으로 받아들여서, 내가 큰소리 좀 치게 해주십시오. 이러한 말투는 그리스도에게서 배운 것이 아닙니다. 오, 절대로 아닙니다. 그것은 내가 요즘 인기 있는 현란한 설교자들에게서 찾아낸 못된 버릇입니다. 여러분은 재판석에 앉아 이 모든 사기극을 관찰하기 때문에, 예상치 않게 이따금 찾아오는 어리석은 자들의 비위까지 맞춰 줄 여유가 있는 모양입니다. 사기꾼들이 여러분의 자유를 빼앗고, 여러분을 이용해 먹고, 여러분에게 터무니없는 돈을 청구하고, 여러분을 윽박지르고, 여러분의 뺨까지 때리는데도, 여러분은 그들을 감탄스러울 정도로 참아 줍니다. 나라면 여러분에게 그렇게 할 수 없었을 것입니다. 우리는 그런 짓을 참을 만큼 비위가 강하지 않기 때문입니다.

21-23 여러분이 설교단에서 자기자랑을 늘어놓는 자들에게 감탄을 금치 못하니, 나도 자랑해 보렵니다. (이것은 어리석은 사람, 곧 여러분의 옛 친구가 하는 말이라는 것을 잊지 마십시

오.) 그들이 스스로를 일컬어 히브리 사람, 이스라엘 사람, 아브라함의 순수 혈통이라고 자랑합니까? 나도 그들과 동등한 사람입니다. 그들이 그리스도의 종입니까? 나는 더욱 그렇습니다. (내가 이런 말을 하고 있다는 것이 믿기지 않습니다. 이런 식으로 말하는 것은 정신 나간 짓입니다! 그러나 시작했으니, 끝을 보겠습니다.)

23-27 나는 그들보다 더 열심히 일했고, 그들보다 더 자주 투옥되었고, 매도 셀 수 없을 만큼 많이 맞았고, 죽음의 고비도 여러 차례 넘겼습니다. 유대인들에게 매 서른아홉 대를 맞은 것이 다섯 차례, 로마 사람들에게 매질을 당한 것이 세 차례, 돌로 맞은 것이 한 차례입니다. 세 차례나 배가 난파되었고, 망망한 바다에 빠져 꼬박 하루를 보내기도 했습니다. 해마다 고된 여행을 하면서 여러 개의 강을 건너고, 강도들을 피해 다니고, 벗들과도 다투고, 적들과도 싸워야 했습니다. 도시에서도 위험에 처하고, 시골에서도 위험에 처했으며, 태양이 작열하는 사막의 위험과 폭풍이 이는 바다의 위험도 겪었고, 형제로 여겼던 사람들에게 배신도 당했습니다. 단조롭고 고된 일과 중노동을 겪고, 길고 외로운 밤을 여러 차례 지새우고, 식사도 자주 거르고, 추위에 상하고, 헐벗은 채 비바람을 맞기도 했습니다.

28-29 하지만 이 모든 것과 비교조차 할 수 없는 것은 모든 교회로 인해 겪는 곤경과 걱정입니다. 누군가 더 이상 물러설 수 없는 형편에 처하면, 나는 뼛속 깊이 절망을 느낍니다.

누가 속아 넘어가 죄를 지으면, 내 속에서 화가 불같이 타오
릅니다.

30-33 굳이 나 자신을 자랑해야 한다면, 나는 내가 당한 굴욕
을 자랑하겠습니다. 그 굴욕이 나를 예수처럼 되게 해주기
때문입니다. 영원히 찬양받으실 하나님, 곧 우리 주 예수의
아버지께서 내가 하는 말이 거짓이 아님을 아십니다. 내가
다마스쿠스에 있을 때, 아레다 왕의 총독이 나를 체포하려
고 성문에 초병을 배치한 적이 있는데, 내가 성벽에 난 창문
으로 기어 나오자, 사람들이 나를 바구니에 담아서 내려 주
었고, 나는 필사적으로 도망쳤습니다.

약함에서 오는 강함

12

1-5 여러분 때문에 나는 이런 식으로 말할 수밖에
없습니다. 나는 본의 아니게 이렇게 말하는 것
입니다. 이참에, 하나님께서 내게 주신 환상과 계시의 문제
도 꺼내는 것이 좋겠습니다. 예를 들어, 나는 십사 년 전에
그리스도께 붙잡혀 황홀경 속에서 지극히 높은 하늘로 끌려
올라간 사람을 알고 있습니다. 사실, 나는 이 일이 몸을 입
은 채 일어났는지, 몸을 떠나서 일어났는지 알지 못합니다.
그것은 하나님만이 아십니다. 내가 알기로, 이 사람은 낙원
으로 이끌려 갔는데, 몸을 입고 그렇게 된 것인지, 몸을 떠
나서 그렇게 된 것인지, 나로서는 알 길이 없습니다. 하지만
하나님은 아십니다. 그는 거기서 말로 표현할 수 없는 놀라

운 말을 들었지만, 그 들은 것을 발설해서는 안되었습니다. 이 사람이 내가 말하려는 그 사람입니다. 그러나 나 자신에 관해서는, 내가 당한 굴욕 외에 아무 말도 하지 않겠습니다. 6 내가 조금이라도 자랑할 마음이 있다면 우스운 꼴을 보이지 않으면서 그렇게 할 수 있고, 그러면서도 알기 쉽게 진리를 내내 말할 수 있을 것입니다. 그러나 나는 여러분을 아끼는 마음으로 그만두겠습니다. 여러분이 길에서 나를 보거나 내가 하는 말을 듣게 되거든, 나를 우연히 마주친 어리석은 사람 그 이상의 존재로 여기는 사람이 아무도 없기를 바랍니다. 7-10 받은 계시들이 엄청나고 또 내가 우쭐거려서는 안되겠기에, 주님께서는 나에게 장애를 선물로 주셔서, 늘 나의 한계들을 절감하도록 하셨습니다. 사탄의 하수인이 나를 넘어뜨리려고 전력을 다했고, 실제로 내 무릎을 꿇게 했습니다. 그래서 내가 교만하게 다닐 위험이 없게 한 것입니다! 처음에 나는 장애를 선물로 여기지 못하고, 그것을 없애 달라고 하나님께 간구했습니다. 세 번이나 그렇게 했는데, 그분께서 이렇게 말씀하셨습니다.

내 은혜가 네게 족하다. 네게 필요한 것은 그것이 전부다. 내 능력은 네 약함 속에서 진가를 드러낸다.

나는 그 말씀을 듣자마자, 이렇게 된 것을 기쁘게 받아들였습니다. 나는 장애에 집착하는 것을 그만두고, 그것을 선물

로 여기며 감사하기 시작했습니다. 그것은 그리스도의 능력
이 나의 약함 속으로 쇄도해 들어오는 하나의 사건이었습니
다. 이제 나는 약점들을 기꺼이 받아들입니다. 나를 낮추어
주는 이 약점들—모욕, 재난, 적대 행위, 불운—을 기쁘게
받아들입니다. 나는 그저 그리스도께 넘겨드릴 따름입니다!
그리하여 나는 약하면 약할수록 점점 더 강하게 됩니다.

❧

11-13 내가 실수를 저질렀습니다! 나는 이와 같이 말하면서
완전히 어리석은 사람이 되고 말았습니다. 그러나 그것은
내 탓만은 아닙니다. 여러분이 나를 부추긴 것입니다. 여러
분은 내가 어리석은 말을 하도록 놔두기보다는 나를 지지하
고 칭찬해 주었어야 했습니다. 내가 보잘것없고 하찮은 사
람이기는 하지만, 여러분을 그토록 매료시킨 저 대단한 "사
도"와 견주어 내가 그들만 못한 사람이 아니라는 것을 여
러분도 직접 겪어 보아서 알 것입니다. 내가 여러분과 함께
있으면서 복된 시기와 힘겨운 시기를 보내는 동안, 참 사도
를 구별하는 온갖 표적들, 곧 놀라운 일과 이적과 능력의 표
적들이 분명하게 나타났습니다. 여러분이 나나 하나님께로
부터 다른 교회들에 비해 덜 받은 것이 있습니까? 여러분이
덜 받은 것이 한 가지 있기는 합니다. 바로 내 생활비를 책
임지지 않은 것 말입니다. 참 미안하게 되었습니다. 여러분
에게서 그 책임을 빼앗은 것을 용서해 주시기 바랍니다.

14-15 지금 나는 여러분을 세 번째로 방문하기 위해 모든 준비를 마친 상태입니다. 그러나 걱정하지 마십시오. 여러분은 특별히 애쓰지 않아도 됩니다. 지난 두 차례의 방문 때와 마찬가지로, 이번에도 여러분을 성가시게 하는 일은 없을 것입니다. 나는 여러분의 소유에는 관심이 없습니다. 여러분 자신에게만 관심이 있을 따름입니다. 자녀가 부모를 돌보는 것이 아니라, 부모가 자녀를 돌보는 것입니다. 여러분을 위해서라면 나는 기꺼이 내 지갑을 비우고, 내 목숨까지도 저당잡히겠습니다. 그러니 내가 여러분을 사랑할수록 여러분의 사랑을 덜 받게 되다니, 어찌 된 일입니까?

16-18 내가 앞에서는 자급하는 척하고 뒤에서는 교묘하게 속여 빼앗았다는 험담이 끊임없이 들리니, 어찌 된 일입니까? 그 증거가 어디에 있습니까? 내가 누군가를 보내서 여러분을 속이거나 여러분의 것을 빼앗은 일이 있습니까? 나는 디도에게 여러분을 방문하라고 권했고, 그와 함께 형제 몇 사람을 보냈습니다. 그들이 여러분을 속여 무언가를 빼앗은 일이 있습니까? 우리가 솔직하지 않거나 정직하지 않았던 적이 있습니까?

19 우리가 여러분을 배심원으로 여겨 줄곧 변명하고 있다고 생각하지 마시기 바랍니다. 여러분은 배심원이 아닙니다. 하나님—그리스도 안에서 계시된 하나님—이 배심원이십니다. 우리는 그분 앞에서 진술하고 있는 것입니다. 우리는 여러분의 성장을 방해하지 않으려고 자비량으로 온갖 수고

를 감당했습니다.

20-21 내게는 이런 두려움이 있습니다. 내가 여러분을 방문할
때 여러분이 나를 실망시키지 않을까, 내가 여러분을 실망
시키지 않을까, 서로 실망한 나머지 모든 것이 산산조각 나
서, 싸움과 시기와 격분과 편가르기와 격한 말과 악한 소문
과 자만과 큰 소란이 일어나지 않을까 하는 것입니다. 나는
다시 여러분에게 둘러싸여서 하나님께 창피를 당하고 싶지
않습니다. 또한 나는, 예전과 똑같이 죄짓기를 되풀이하는
저 무리—악과 불륜과 추잡한 행위의 진창 속에서 뒹굴며
헤어 나오려고 하지 않는 무리—때문에 뜨거운 눈물을 흘
리고 싶지도 않습니다.

그리스도께서 살아 계십니다!

13

1-4 이제 나의 세 번째 방문이 얼마 남지 않았습
니다. "사건은 두세 증인이 증거를 제시하고 나
서야 명백해진다"고 한 성경 말씀을 기억하십니까? 두 번째
방문에서 나는, 예전과 똑같이 죄짓기를 되풀이하는 자들에
게, 내가 다시 가면 그냥 넘어가지 않겠다고 경고한 적이 있
습니다. 이제 나는 세 번째 방문을 준비하면서, 멀리 있지
만 거듭 경고합니다. 내가 그곳에 갈 때까지 옛 습관을 바꾸
지 않는다면, 조심해야 할 것입니다. 그리스도께서 나를 통
해 말씀하신다는 증거를 요구해 온 여러분은, 생각보다 많
은 증거를 얻게 될 것입니다. 여러분은 그리스도의 충만한

능력을 얻게 될 것입니다. 얻지 못할 것이라고 생각지 마십
시오. 그리스도께서 십자가에 달려 돌아가실 때, 그분은 더
없이 약하고 굴욕적이었지만, 지금은 강력하신 하나님의 능
력으로 살아 계십니다! 우리도 볼품없어서 여러분 가운데
서 굴욕을 당했지만, 이번에 여러분을 대할 때에는 하나님
의 능력으로 그리스도 안에서 살아 있을 것입니다.

5-9 여러분 자신을 스스로 점검해 보십시오. 여러분은 자신
이 믿음 안에서 흔들림이 없는지 스스로 확인해 보고, 모든
것을 당연한 것으로 여기며 적당히 지내는 일이 없게 하십
시오. 여러분 자신을 주기적으로 점검하십시오. 여러분에게
필요한 것은, 예수 그리스도께서 여러분 안에 계신다는 전
해 들은 이야기가 아니라, 직접적인 증거입니다. 그 증거가
있는지 시험해 보십시오. 만일 그 시험에 실격했다면, 방법
을 강구하십시오. 나는 그 시험에서 우리가 실격자로 드러
나지 않기를 바랍니다. 그러나 설령 그렇게 되더라도, 여러
분이 아니라 우리가 실격자로 드러나기를 바랍니다. 우리는
여러분 안에서 이 진리가 완성되기를 응원합니다. 이것 외
에 우리가 할 수 있는 일은 없습니다.

우리는 우리가 가진 한계를 그저 참고만 있는 것이 아닙니
다. 우리는 그 한계를 환영하고, 나아가 그 한계를 넘어설
수 있도록 하나님이 주시는 모든 능력을 환영하며, 결국에
는 여러분 안에서 그 한계를 넘어 이루어지는 진리의 승리
를 경축할 것입니다. 우리는 여러분의 삶 속에서 모든 것이

온전해지기를 열심히 기도하고 있습니다.

¹⁰ 여러분에게 이 편지를 써 보내는 것은, 내가 여러분에게 갈 때 이 문제에 대해 다른 말을 하지 않으려는 것입니다. 주님께서 내게 주신 권위는 사람들로 하여금 힘을 내게 하라고 주신 것이지, 그들을 무너뜨리라고 주신 것이 아닙니다. 나는 그 일을 잘 진척시키고 싶을 뿐, 책망이나 징계에 시간을 낭비할 마음이 없습니다.

❧

¹¹⁻¹³ 친구 여러분, 이것으로 마치겠습니다. 기뻐하십시오. 모든 일이 잘 회복되도록 노력하십시오! 여러분의 영이 생명으로 넘쳐나게 하십시오. 서로 조화롭게 생각하십시오. 상냥하게 대하십시오. 모든 일을 그렇게 하십시오. 그러면 사랑과 평화의 하나님께서 틀림없이 여러분과 함께하실 것입니다. 거룩한 포옹으로 서로 인사하십시오. 이곳에 있는 모든 형제자매가 안부를 전합니다.

¹⁴ 주 예수 그리스도의 놀라운 은혜와, 하나님의 아낌없는 사랑과, 성령의 친밀한 사귐이, 여러분 모두와 함께하기를 바랍니다.